中庸 重組語譯

與

胸無點墨齋雜稿

重刊贅言

　　這本小書原為紀念家兄黃美煌而出版，於 1979 年問世，原印一千冊，專送他生前的親朋好友、我的朋友、國內外中學和大專院校的一些圖書館，並未在坊間出售。家兄常言自己是「讀萬卷書胸無點墨」，所以我當時就以「胸無點墨齋雜稿」為主、「中庸重組語譯」為副，合為書名，以為紀念。

　　在過去二十多年間，我也曾由讀者來函與當面評語，接收到一些反應。大致認為它創新的編排方式，閱讀時很方便互相參考。記得曾有一位長者對我說：「你應該將四書做同樣的處理。」我說：「我沒有這個能力。」（如果家兄在世，我們或許可以合力試試？）

　　現在書已送完。近與蔡登山先生偶爾談到這本小書，他認為值得重刊。所以我特依書的原有建構，正名為《中庸重組語譯》，以「胸無點墨齋雜稿」為副題。其他部分完全不改。按理，重刊二十多年前的作品，應該有些修正。但是，老實說：我沒有能力做這件事，所以除「正名」外只能「原貌不變」付印，包括〈寫在前面〉的「代序」與〈父親與大哥的夢〉的「代編後記」。因為我親筆手寫的「代序」、與似乎不太合全書文體的「代編後記」，都很能代表我當時的心情。希望讀者們見諒。

　　最後，謝謝蔡登山先生和秀威同仁的協助，使這本小書能再度面世。並請賢明讀者賜教。

黃建彥

2009/12/9

献給

走另一世界的

父親
母親
大哥

暨　美煌生前的

師長
親友
學生

寫在前面 (代序)

大概在十多年前，夏煌有一次對我說，他說《中庸》把儒家做人做事的道理說得最明白、簡要，應該有人把它譯成真正淺近的白話，使每個中國人都能看。後來又跟我提過幾次，有一次我問他為什麼不自己試試看？他說他能力不夠。他接說辜鴻銘先生英譯《中庸》時曾加註了許多西哲的話，和《中庸》的思想相互印證發明，要我找一本來為他講一次，以遇參考。但我在出國進修前一直未找到此書，想不到四年多前我正在國外寫論文時，突然接到他的一封短信說他大概要「歸佐」了，嗎我不要為此趕回來，但在完成論文後可回國來，看一看他的《中庸》語譯初稿。我很高興他終於動筆試譯了，可是做夢也想不到他說走就走，連我馬上寫給他的兩封信都沒趕上他留在人間的最後一眼！

我回來後先看他的譯稿。我看了好幾遍，覺得那的確是他「寫好後沒有來得及再看一遍的初稿。」所以如只修飾一下文字必非他的本意。我繼續把他生前搜集的《中庸》版本及註釋，以及許多夾在書中的零零碎碎的筆記、摘錄的名儒評述等，通通瀏覽了一次，然後再一章一節地對照原文細讀他的譯稿，發現不少疑點，不是我這個從來上過國文系課的人所能輕易解決的，但是這是他多年的心願（如不算心血），我不能就這樣子把它丟了。

我決定把他的譯稿先放開一邊，自己單獨來試譯一遍，經幾次修改後再和他的譯文一起研究修

正。但覺得還是不行，於是又試將全文重節重組，加上段落間的說明及注，達成現在的結果。雖然我是已盡全力，仍不能令自己滿意。(部分疑難見附錄"我對中庸的幾點疑問"一文。)只有留待專家指正了。版面排列的方式似乎不屬先例，但經多次試驗，發現這樣排看起來最方便，決定破例一試。

　　美煌的論文我僅找到他收藏的孔孟月刊中刊出的幾篇和中學教師談中華文化中的一篇，其餘未定稿及未完成稿因我對國學所知太少，無力整理，故未收入。(如友人中知道他另有遺稿，望賜告之。)詩稿都是在零紙堆中找出來的。我不知道這些詩好不好，但覺得最能代表他的個性和情懷，因此又選了幾張他的照片，以及幾幅也從零紙堆中找到的他的字，一併附刊，以為紀念。希望方家們幸勿見笑。

　　美煌去世已經五年了，這小冊子還至今天才付印，想他在天之靈，一定會奇怪我是在忙些什麼！(我自己也不知道。)最後，我特別借此謝了王仁鈞、吳連賞二位老師解決許多中庸詞句疑難，並各為我看過一次譯稿。但是如好欠妥之處，全由我負責。

　　　　　　　　　　　夏序　民六九、八、八於台北

目次

第一部

中庸：重組與語譯

黃美煌 初稿

黃美序 重組 修訂

給讀者

編譯説明

1. 中庸的作者認爲人的天性或本性是善良、光明的，但社會上許多不好的東西誘使人性變壞、變暗，必須用自省和教育的方法去恢復人本性的良知。讀中庸時必須先記著這一點。同時，這些所謂的「性」、「道」、「誠」，都是看不見卻又無所不在（隱而顯）的。

2. 中庸除「子路問强」，「哀公問政」二句外，沒有記各段問的人及問題。其實，全書可以說全是孔子對一些問題的回答及解釋，因爲問題省去了，我們看起來有些話便不聯貫。所以譯者試在每段前加上問題或說明，以助了解；此外邊上另加小標題，以利查看。

3. 但好些章句還是不太聯貫，所以譯者又試加重組分章，並在每段對照的原文前標明原章、節（如1：1爲原第一章第一節或第一段；X：0 表示該章不分節或段，如2：0，15：0表示爲原第二章及第十五章），以備讀者參考。

   （譯者曾加以多次不同之重組，自覺現在的次序較爲合理，但仍有些章節「未得其所」，希高明的讀者能予以指正，有機會重版時再加修改。）

4. 譯文中方括號內的字句是原文中沒有的，試加進去使語氣較順或意思較明白。

5. 註釋部分用補譯文之不足，主要的用途有：

   (a)補充說明某些特別字句的意思，尤其是在我們的解法有異前人的地方；(b)我改動美煌原稿很多的地方；(c)引列中庸以外說法以爲參

考。

可見於下列參考書中前人已註的，一律不註。

6.曾參考的中庸版本及論著：

(a)中庸本文及注釋：

　*蔣伯潛註釋，中庸讀本，香港啓明書局（無出版年代）。
　*康有爲著，中庸註，臺灣商務印書館（民五七臺二版）。
　*羅　璋編述，中庸析義，臺北三民書局（民五九）。
　*趙龍文講述，中庸今釋，臺北中央警官學校編譯委員會（民四
　　九）。
　*史德清述，中庸直指，香港佛經流通處（光緒十年初刻，佛曆
　　二五〇九年影印）。
　*葉深詮釋，中庸新詮，華明書局（民四一）（無出版地點）。
　　王世驤注解，學庸淺言新註，臺北，萬有經書流通處（民五五
　　再版）。
　　范韻璋著，學庸衍義（民四二，臺北？〔無出版地及書局〕）。
　　張守白著，中庸白話新解，上海：學生書局（民三五）。
　　程兆熊著，中庸講義，臺北：力行書局（民五〇）。
　　蔡運辰著，中庸闡微，臺北：建康書局（民四五）。
　　王止峻注釋，學庸類釋，臺灣商務印書館（民六〇）。
　**王退菴著，四書補注備旨，臺北，文政出版社（民五九影印本
　　）。

(b)評論中庸之專書及論文：

　　總裁訓詞，中庸要旨，臺北：中央文物供應社（民四九）。

吳　怡著，<u>中庸誠字的研究</u>，臺北：華岡出版部（民六一）。

謝扶雅著，<u>唯中論集</u>，臺灣商務印書館（民五八）。

*蔡愛仁編述，<u>中庸研究</u>，臺北：爲學出版社（民五三）。

*李國泰著，<u>中道淺釋</u>，臺中：春源印刷廠印（民五八）。

其他散見<u>孔孟月刊</u>等學術雜誌及報紙、刊物、書籍之專論數十篇。

(c)中庸英譯本：

**辜鴻銘英譯，<u>中庸</u>（ *The Conduct of Life* ），臺北先知
　　出版社（民六五）

*我在修訂美煌手稿時曾特別參考者。

**美煌搜藏書中未見，但我曾加參考者。

壹、人性的根本

〔孔子先說明性、道、誠、教四者的定義及它們間的關係。他說：〕

什麼叫做「性」、「道」、「教」

與生俱來的叫做「性」或「天性」，遵循或合於「天性」的行為叫做「道」或「做人的基本原則」，① 後天對道的培養叫做「教」或「教育」。② 「道」是不可片刻離棄的；反過來說，可以離棄的就不是「道」了。

「誠」和「道」的本質

「誠」〔真實不妄的心性〕，是自然形成的；③ 而「道」，是自然發生的。「誠」，是萬物的始、末；沒有誠，萬物就不存在〔不產生意義〕。

「至誠」的功能

所以「至誠」〔最真的誠〕是永遠不會止息的，不止息就能恒久，能恒久就有徵效，有徵效便會久遠，能久遠自然便會博大、深厚，能博大、深厚便會高曠。④

博大、深厚，所以能承載萬物；高、曠，所以能覆育萬物；久遠所以能容萬物生長。它的博大、深厚就如大地一樣，高曠就如天空，悠遠恒久則無窮無盡。一個人能夠這樣，自己不求表現也會彰明起來，不必有特別的行動也會自然產生變化，⑤ 不必刻意求功也會產生成效。

〔譯者註〕

①這些說明必須以「性善」為前題才對。用性惡說便講不通了。

②「性」、「道」、「誠」、「教」等名詞在此解釋後在以後文內不再翻譯。

③也即是說「誠」是人的根本。所以中庸最後在結論中仍強調「誠」的力量。

④「高明」──「高」如指天應為「高廣」，如指人當可解為「崇高」。「明」或許亦有「清明」之意（即天清地濁）。美煌原稿為「就會形為高廣發為光明。」

⑤「變」──這個「變」也可解為「改變」或「影響」，即改變自己、別人及環境的力量。

〔原文〕

1:1 天命之謂性，率性之謂道，① 修道之謂教。② 道也者，不可須臾離也；可離，非道也。

25:1 誠者，自成也；③而道，自道也。誠者，物之終始：不誠無物。

26:1 故至誠無息，不息則久，久則徵，徵則悠遠，悠遠則博厚，博厚則高明。④博厚，所以載物也；高明，所以覆物也；悠久，所以成物也。博厚配地，高明配天，悠久無疆。如此者，不見而章，不動而變，⑤ 無為而成。

由「誠」到「知」和由「知」到「誠」	由「誠」而得到「知」，叫做天性；由明白道理而回到「誠」，就是「教」或教化。一個人真能誠心的話，自然會明白做人的道理；真能明白做人的道理，也就能做到「誠」。

〔孔子再詳細說明「由誠到知」（「自誠明」）及「由知到誠」（「自明誠」）的功能。先說「由誠到知」〕

「至誠」可達到「知」	天下只有至誠的人，能盡〔完全明白、發揮〕他的天性；能盡他自己的天性，才能盡人的天性；能盡人的天性，然後可以明瞭天地間萬物的變化與生長之理；能明瞭萬物的生長與變化，便可以和天地相並立了。①

〔再說明由「知」的探求而達到「誠」〕

由「知」去恢復「誠」	再從研探學問的角度來看看：② 研探時如有專誠的心，便會有具體的表現；有具體的表現，便會漸漸顯著；顯著後便會發揚光大起來；能光大便會發生力量；有力量便會產生改變力〔影響力〕；然後產生感化力。只有天下最高的誠能有感化或化育的作用。

〔說明了「誠」、「知」的關係後，接着孔子做了一個簡單的結論，再進一步談到做人的道理。他說：〕

「誠」為做人之本	「誠」，是與生俱來的做人原則；做到「誠」，是做人的本分。「誠」，就是不需要勉強而能合於「

①意近「人定勝天」，不做宿命論者。

②「其次」一詞，前人多解爲「次於聖人一等的賢人。」美煌從此，稍加改變而將這一句譯成「較至誠的人次一等的，是能力學到偏細（小）方面的事。」我以爲「其次」可指述事的次序。

21:0 自誠明，謂之性；自明誠，謂之敎。誠則明矣，明則誠矣。

22:0 唯天下至誠，爲能盡其性；能盡其性，則能盡人之性；能盡人之性，則能盡物之性；能盡物之性，則可以贊天地之化育；可以贊天地之化育，則可以與天地參矣。①

23:0 其次致曲：② 曲能有誠，誠則形，形則著，著則明，明則動，動則變，變則化。唯天下至誠爲能化。

20:9 誠者，天之道也；誠之者，人之道也

善」。不需要思慮而能得到善，就是順著本性便合於行爲準則──那便是聖人之道；後天培養「誠」的方法就是要選擇善的一切，而有恒地去把握它，奉行它。

〔接着，孔子來講述做人與誠的關係。他說：〕

「誠」和「仁」
、「知」

所以要做一個君子，[①]「誠」是最珍貴最重要的。「誠」不只是成就自己，同時也完成萬物〔即賦予萬物眞正的意義〕。

完成自己是「仁」〔做人的道理〕，完成萬物〔賦予萬物意義〕是「知」。它們原是人類天性中的美德，內在和外在本質的結合。因此，本著它們行事則永遠是合理恰當的。

〔這一段話也說明了「性」、「道」、「誠」的
基本理論和實踐〔知與行〕的關係，用以總結這
個緒論，並爲以下「君子之道」和「知行」等各
點舖路。〕

10

① 此節和以下各節也可以說是在說明什麼樣的人叫「君子」（或眞正的人），以及相反的所謂「小人」（自私、專橫、不講理的人）。這兩個名詞的用法現仍通行，所以延用它們而不再加翻譯。

。誠者，不勉而中，不思而得，從容中道——聖人也；誠之者，擇善而固執之者也。

25:2 是故君子①誠之爲貴。誠者，非自成己而已也，所以成物也。

成己，仁也；成物，知也。性之德也，合外內之道也，故時措之宜也。

貳、君子之道

〔在這一講中，孔子對君子之道的根本性質和實踐的原則加以闡釋〕

一、君子之道的性質

君子之道的特質
——顯而微

君子的「道」是既明顯而又隱微的〔看不見卻無所不在〕；〔它淺顯的地方〕，愚夫愚婦①也可以知道；但高深的地方，聖人也可能有所不知道的。〔它淺顯的地方〕，一般的夫婦也可以做到；但高深的時候，聖人也可能有所做不到的：就好像天地雖然大，人還是可以感知的。②

所以，君子的道，說到博大處時，天下之大也無法包容；說到精微處時，天下沒有人能夠窮究或破解得了的。詩經上說的：③

> 鳶鳥高飛天際，
> 魚兒游於深淵。

正可比喻它的高和深。〔簡單地說，〕君子的道，開始於夫婦的生活；到了它的極高深處時，却和天地一樣廣大。④

12

①「夫婦之愚」並不全等於「愚夫愚婦」，但含意相近。

②此句一般解爲「人還是有怨恨的」（如對風雨天災的不滿）。美煌原稿爲「正像天地那樣的廣大普濟啊，而人們對它還覺得有所不滿意。」
但我覺得如此解時，似和上下文毫無關係，且有抵觸。按「憾」同「感」（中文大辭典）。本譯文從此。

③中庸引詩經上句子或以前詩句做說明時，不一定和原詩用意一致。本文在譯時以能符合所在章節的前後文爲準。美煌在譯文上均寫「詩經……篇說。」我以爲引詩旣不一定依照原義解，省去較易讀。〔有興趣讀者，可查蔣伯潛註釋之啓明書局之中庸讀本；其他許多註釋也有。

④可申引爲「可觸及天地間的一切博大、精微的道理。」

12:0君子之道，費而隱。夫婦之愚，① 可以與知焉；及其至也，雖聖人亦有所不知焉。夫婦之不肖，可以能行焉；及其至也，雖聖人亦有所不能焉：天地之大也，人猶有所憾。②

故君子語大，天下莫能載焉；語小，天下莫能破焉。詩云：③

　　鳶飛戾天，
　　魚躍于淵。

言其上下察也。君子之道，造端乎夫婦；及其至也，察乎天地。④

二、君子之道的實踐原則

所以君子遵循善良的天性及行爲準則，勤學好問。他致力於博大的道理，並精研細考；[①] 他明白高深的道，但從中庸[②]〔平實的常情常理〕入手；他對已學得的常加溫習，並繼續追求新的知識；他誠實、敦厚，崇尚禮節。因此他居高位也不會驕傲，在下位也不會違理〔或越禮〕。[③] 當國家能採納賢者的意見時，他要爲振興國家社會而貢獻他的所學；當統治者不接納意見時，他也能容忍〔而不做惡意的批評或無意義的犧牲〕。詩經上說：

> 賢明而又智慧，
> 知道珍惜生命。

大概就是這個意思吧！

〔問：當一個人的才能不受重視時，他是否可以隨個人的偏好愛做什麼就做什麼，或是放棄理想和原則，或是去隱居就算了呢？〕

孔子說：「有些人愛研求隱僻的學問，[④] 行爲怪誕。也有人稱讚過他們，我是不會那樣做的。君子行事要依照合於天性的行爲準則，〔有始有終〕；如果半途而廢，我是不能苟同的。[⑤] 君子處世要依照『中庸』的原則，但是遁世隱居，才能沒有人賞識也不悔恨的境界，只有聖人〔最完美的人〕才能做到。」

14

① 此句美煌原稿爲：「以達到化導天下的廣大功德，而盡發育萬物的精微道理。」我以爲它近似英文中說的 "know something about everything and everything about something"（什麼都懂一點，並且對某些事理却是無所不知。）

② 「中庸」一詞說法很多，一般解釋可綜合爲「不偏不倚的不易之常理。」它近似英文中的 golden mean（不走極端的方法或準則）。
（詳見「我對中庸的幾點疑問」，pp.115-18）。

③ 「倍」——前人多採「背叛」，「悖亂」的講法，似指叛國作亂，要是那樣的話，似稍誇大。
此句似卽可以後 14:0 (p.19) 中所說的「君子安常」的中庸之道。美煌原稿爲「做爲下屬也不會背叛作亂」，並將接下去的部分譯爲「國家清明有道時，他的言論足以興隆國家。國家昏亂時，他的潛默足以存其身。詩云：『既賢明又智慧，以保他的本身安全。』」
我覺得這樣的君子仍欠積極偉大。國有道時才去進言似有錦上添花之嫌。國無道時便躲起來獨善其身，過於消極自私。不知有無更好講法，暫此存疑。

④ 「素隱」有人解爲「索隱」（探求隱僻之理），有人解「素」爲「平素」（指行爲）。單句來看，後者似較好，但全段來看，作「索隱」解才能避免和後面「遯世不見知而不悔，唯聖者能之」一句衝突，因這一句很明顯地說明聖人也可「遯世隱居」，而後「不見知也不抱怨」。可見孔子並不反對隱居。
這段的首尾兩句，美煌的原稿爲「平素」爲人（？〔原有〕）隱曲行爲怪異的人……卽使行不通要避世遯隱，不被世人所知，也不悔恨，這只有聖人才能做到的。」

⑤ 「已」——一般註爲「止」，似不易懂。查「已」古通「以」。可解爲「爲」、「用」、「由」、「論」、「此」等等（辭海），所以「吾弗能已矣」可譯爲

27:3 故君子尊德性而道問學，致廣大而盡精微，① 極高明而道中庸，② 溫故而知新，敦厚以崇禮。是故居上不驕，爲下不倍。③ 國有道，其言足以興；國無道，其默足以容。詩曰：

　　既明且哲，
　　以保其身。

其此之謂與！

11:0 子曰：「 素隱④ 行怪，後世有述焉；吾弗爲之矣。君子遵道而行，半塗而廢；吾弗能已⑤ 矣。君子依乎中庸，遯世不見知而不悔，唯聖者能之。」

15

〔接着，孔子歎口氣自言自語地說：〕

「這些道理現在沒有人能做到了嗎！」

〔於是有人問：為什麼沒有人能做到了呢？〕

過與不及都不好　孔子〔想了一下〕說：「道〔做人的基本原則〕沒有人做到的原因，我想是這樣的：聰明的人做得過了分，愚笨的人又達不到標準。道的不能昌明的原因，我想是這樣的：多才的人做得過分了，無才的却達不到標準。正好像沒有人不飲食的，但很少人能夠知道〔去注意〕飲食的道理！[①]

他又說：[②]「愚笨膚淺的，偏愛自做聰明；地位低下的，偏愛擅作主張；生在現代，就反對或違反[③]古來的美德——這樣的人，對他個人是不利的！」〔不會成功的。〕

〔問：那末，要做一個君子要注意些什麼呢？孔子說：首先在態度上能不抱怨命運或環境，做事不憑一時之喜好，而合情合理，問心無愧，也就是說一切要合常情常理（中庸）——否則就成為小人了。〕

1、中庸之道

君子安常　君子照他自己現在的地位去行事，不做非分的奢求：現在是富貴，就依富貴者所應做的去做；現在是

16

(a)「我不能做」、(b)「我不能採用」、(c)「我不能談論」等意思(a)、(b)含義接近，也較合上下文。
參閱 8：0「回之爲人也……」一節（ p.31）。

①這裏的「知味」，可解爲「知其味道」（一般如此話譯）、「品味」、「調味」等等。但如將「味」解爲「事物之意味」（<u>辭海</u>）或道理，似較易懂。或者是我們現在所謂的「<u>適當的營養</u>」的意思。

②此段原安排在孔子回答魯哀公部分，似有問題，因爲：(1)孔子這樣面對哀公說不是太明顯地在笑他嗎？(2)此段似指個人行爲而言，同時在語氣上像是孔子對學生說的。

③「反」——前人有註爲「返」的，但孔子一直讚美三代古人的道德，所以「返古」或「復古」不應該是不對的。（「詳「中庸『反古之道』解」，見本書內 pp.109-111）。

5:0 子曰：「道其不行矣夫！」

4:0 子曰：「道之不行也，我知之矣：知者過之，愚者不及也。道之不明也，我知之矣：賢者過之，不肖者不及也。人莫不飲食也，鮮能知味[①]也！」

28:1子曰：[②]「愚而好自用；賤而好自專；生乎今之世，反[③]古之道——如此者，烖及其身者也！」

14:0君子素其位而行，不願乎其外：素富

17

貧賤，就依貧賤者應做的去做；現在在一個新的地方〔如外國〕，就依那地方的禮俗去做；現在處於患難，就依患難的人應做的去做。君子不論處在什麼地位，都不會不安然自得的。〔都會感到心安理得的。〕

君子順應常理，
從自身做起

君子處於上位時，不欺壓在他下面的人；處於下位時，不高攀上面的人。他使自己立身端正，對別人不做不合理的要求，這樣就不會產生怨恨──不怨尤命運和境遇，[1] 所以君子能安於平易的生活而順應自然。[2] 小人喜歡靠冒險來得到意外的收獲。孔子又說：「做一個君子要和射箭一樣：射不中紅心時不要去怨箭靶，應回過來檢討射箭的姿勢和方法。」

君子與小人之別

他又說：[3] 「君子待人處事合於中庸〔常情常理或天性〕，小人不合於中庸。君子的合於中庸，是因為他能隨時空的不同而採取最適當的道途去做；小人的不合中庸，是因為他毫無顧忌地任意亂來。」〔以一己的利益和一時的喜好為出發點。〕

〔接着，孔子引了一句詩來做比喻，再繼續分析君子與小人之別。〕

詩經上說：

穿錦衣時罩單衫。

那是表示厭惡錦衣上的紋彩太顯露了。君子的做法

①這裏的「天」應可指先天的命運，「人」指人爲的境遇。

②此句美煌原稿爲「所以君子安處於平易（常），以期待天命的化成。」

③一般從這段開始去談「中庸」的意義，所以放在第二章。我以爲這裡的重點不在談中庸是什麼，只是在說君子與小人的不同。（詳見「我對中庸的幾點疑問」，pp.115-18。）

貴，行乎富貴；素貧賤，行乎貧賤；素夷狄，行乎夷狄；素患難，行乎患難。君子無入而不自得焉。

在上位，不陵下；在下位，不援上。正己而不求於人，則無怨——上不怨天，下不尤人，① 故君子居易以俟命，② 小人行險以徼幸。
子曰：「射有似君子；失諸正鵠，反求諸其身。」

2:0 仲尼曰：③ 「君子中庸，小人反中庸。君子之中庸也，君子而時中；小人之（反）中庸也，小人而無忌憚也。」

33:1詩曰：

衣錦尙絅。

惡其文之著也。故君

就是如此：他默默地去做〔不重外表而重實質〕，自然會慢慢地彰明起來。小人則愛做表面工夫，往往初看像是很了不起，但經不起時間的考驗〔而日漸銷亡〕。

君子為平易近人的有德之士

君子的做人原則是淡泊而不沈迷；他外表簡樸而內在華美；待人溫和而有道義；他知道遠因對近果的影響，風習形成的原因，事物的發生〔微〕與發展〔顯〕的現象和原理。一個人能這樣便可以稱為有德之士了。①

〔也即是說君子特別注重自然的內在美，凡事先求問心無愧。所以孔子又將這一點特別加以發揚。或許是從前學者的習慣，他又先引詩為證，再說他自己的話。他說：〕

君子注重內在美

詩經上說：

深藏的雛伏在暗處，
仍然會既明且顯。②

所以君子要能問心無愧，心裏沒有不好的想法。君子的所以超越一般人的，就在我們肉眼看不見的地方吧！

由於這個緣故，君子對看不見的〔內心〕要特別謹慎，對聽不見的〔天性〕要特別警惕。沒有比這看似隱暗的更明顯的了，沒有比這看似微細的更顯著的了。所以君子特別注意他獨處的時刻。

子之道，闇然而日章；小人之道，的然而日亡。

君子之道，淡而不厭，簡而文，溫而理，知遠之近，知風之自，知微之顯。可與入德矣。①

詩曰：

　潛雖伏矣，
　亦孔之昭。②

故君子內省不疚，無惡於志。君子之所不可及者，其唯人之所不見乎！

1:2 是故，君子戒愼乎其所不睹，恐懼乎其所不聞。莫見乎隱，莫顯乎微，故君子愼其獨也。

①這一段美煌的原稿是：「君子的做法，平淡而不（招）厭倦〔先用「招」字，後圈去〕，簡易而有藝文（或「才藝」），溫和而具條理。如能知道遠的事是與近的相關，知道風習的形成與所因的端由相關，知道細微處是與明顯處相關，就可進入聖人的道德了。」我認為這一段有幾個難解的問題：
(a)「淡而不厭」的「厭」字——這個字一般譯「惹人討厭」。美煌在譯時先似從此，後改為「厭倦」，變成對君子自己而言。但「厭」字可解為「沈溺」，源出莊子「齊物論」中「大知閑閑，小知閒閒……」一段，全段大意可和中庸的這一段相印證，所以我覺得如將「厭」字解為「沈溺」（引申自「沈迷」），和「談」正好相比。
又這句的「淡」有「君子之交，淡如水」中的「淡」意，我譯為「淡泊」，略有出入，但似比「平淡」易懂。
(b)「簡而文」的「文」——「文」可解為「美」（辭海）。疑亦即上段所說「惡其文之著也」的「文」。
(c)「溫而理」的「理」——有人譯為「文理」，我譯為「道義」（辭海），做另一試探，以供參考。
(d)「知風之自」——一般從俞越的說法改為「知凡之目」（知大凡與細目），但我以為能不改也說得通，沒有改的必要。（實際上解為「知道風習（或風向）形成之因由」似和上下文更切合。）

②意近「欲蓋益彰」，但此處指好的。

21

詩經上還說：

看你獨自深居，
仍是心志光明。

所以君子不需要有什麼特別的表現，大家也會尊敬他；不需要說什麼大道理，人們也會信任他。

2、修身要義

〔人是感情的動物，所以修身的第一步是要做到自己身心的平衡，或是說理智和感情的平衡＊。但君子的修身不是獨善其身的個人主義，所以孔子又進一步說明人的最基本關係——父子關係＊＊——闡揚修身的要旨。他說：〕

感情和理性的平衡　喜、怒、哀、樂還沒有發動時的心性平和的狀態，叫做「中」；發出來能合於理性時〔適度〕，叫做「和」。①「中」是人生存、生活的根本〔人應有感性或感情〕；「和」是大家公認的行為法則。能做到「中」、「和」的平衡，就好像〔自然界〕天和地的配合，能使萬物孕育生長。②

修身不是獨善其身　所以君子不可以不注意個人的修養。要做到個人的修養，不可以不孝順父母；要孝順父母，不可以不知道做人的道理；要知道做人的道理，不可以不知道人〔善良〕的天性。

* 即英文中的 equilibrium of heart and mind
  〔感情和理智的完全平衡〕。在西洋文學作品中，
  很多都以此為主題，認為人一旦失去這兩者間的平
  衡，常會導致痛苦甚或悲劇。同時也認為要達到二
  者的完全平衡是很難的。

** 這種倫常關係非常重要，所以孔子在談「五達道」
  時特別用「孝」和「祭祀」加以說明（ｐｐ·38-42）。

① 人性包含感情和理性兩部分，要同時兼俱。所以，
  人不可泛用感情（如上面說的小人），或不近人情。
  凡事要做到合情合理才是最好的。

② 這兩句可和 26：2（p.55）談天地之道一節一起參看
  。在萬物的生長中，天地的功能不同，但要相互配合
  （如陽光和泥土），才能生物。孔子此處以天地來說
  明感情和理性二者之關係，非常巧妙。

33:2 詩云：

　　相在爾室，
　　尚不愧於屋漏。

故君子不動而敬，不
言而信。

1：3 喜怒哀樂之未
發，謂之中；發而
皆中節，謂之和 ①
。中也者，天下之大
本也；和也者，天下
之達道也。致中和，
天地位焉，萬物育焉
。②

20:2 故君子不可以不
修身。思修身，不可
以不事親，思事親，
不可以不知人；思知
人，不可以不知天。

三、君子之道的尋求方法

〔最後，孔子做了一個簡明的結論說：在尋
求君子之道時不能離開人的本性與力行。〕

君子遵從常道力
行

他先說：「道是離不開人的常性常情的。如果有人
爲了追求道或實行道而遠離了〔或忘却了〕人性和
人情，那就不能稱爲道了〔那是無法達到道的〕。
正如詩經上說的：

> 砍木做斧柄，
> 標準在眼前。

手裏拿著斧頭在做另一根斧柄時，如不正視手中的
斧柄，那就離開標準了。① 所以君子依人的常情常理
去求做人的原則，並且要做到滿意爲止。②

13:1 子曰：道不遠人。人之爲道而遠人，不可以爲道。詩云：

> 伐柯伐柯，
> 其則不遠。

執柯以伐柯，睨而視之，猶以爲遠。① 故君子以人治人，改而止。②

①此句有人譯爲「斜着眼睛去看別的地方，以爲新斧柄的大小差很遠。」美煌原譯爲「拿着斧柄來砍取斧柄，本是兩相切近的，如果故意斜起眼去看着它，那還是把相近的看得彼此遠景〔？〕了。」

②此句美煌依一般解釋譯爲「所以君子應以人的常性常情來治理人，人能改正錯失就好了。」我以爲這一段談的是君子自己的做人，而不是治人。「改而止」這樣解也欠積極。孔子主張「力行」，所以「改而止」應解爲「改正才停止。」君子對人、對己都應如此，孔子不也曾說過「誨人不倦」的話嗎？所以，可以說這最後兩句也在爲後面的「知」與「力行」做伏筆。

叁、知與行

〔講完君子做人的原則後，孔子進一步來談「知」與「行」，並配合父子、朋友等人與人的關係，加以解說。他先講倫常的道理與行事的美德，再分別一樣樣地分析。〕

五種公認的倫常
道理及三種美德

天下公認的倫常道理有五種，藉以推行這五種道理的有三種美德。這五種道理的具體表現就是人與人的五種關係，那就是：領導者與下屬，[①] 父母與子女，丈夫與妻子，哥哥與弟弟，以及朋友的交往。三種公認的美德是：智、仁、勇。人們須由此三種美德，來實行五大倫常的道理是古今如一[②] 的。

一、三達德：智、仁、勇

智、仁、勇的意
義

孔子說：「好學〔愛好研究學習〕[③] 接近於『智』；力行〔努力去做〕接近於『仁』；知恥〔知錯能改〕接近於『勇』」。

〔接着，孔子將這三點再加申述。他說：〕

1、知與行

求知要有恆，不
能一知半解，中
途而廢

我們要多方面去學，詳細地去問，小心地思考，明確地去辨別〔體認〕，切實地去做。同時，除非不去學；如果學而沒有學會，決不放手。除非不去問

① 「君臣」──當然原指帝王和臣屬。為使孔子的話更易為現代人接受，試改為「領導者與下屬。」

②很多註釋家認為這個「一」字指「誠」。這當然也說得通。但孔子為何不直接用「誠」字呢？本譯文試採用「一」的本義，以下各處同（如20:5，20:7，18:2 等節中之「一」字，見 pp. 29,43,53）。

③可兼指這樣的人或行為。以下的「力行」和「知恥」兩句的含意也可以兼指人和事。

20:3 天下之達道五，所以行之者三。曰：君臣也，① 父子也，夫婦也，昆弟也，朋友之交也；五者，天下之達道也。知、仁、勇三者，天下之達德也。所以行之者一②也。

20:5 子曰：「好學③近乎知，力行近乎仁，知恥近乎勇。」

20:10 博學之，審問之，慎思之，明辨之，篤行之。有弗學，學之弗能弗措也；有弗問，問之弗知弗措

27

；如果問而沒有問明白，決不中止。除非不去思考
；如果思考而沒有思考透徹，決不半途而廢。除非
不去辨別；如果辨別而沒有明白，決不馬虎算了。
除非不做；如果做，而未切實地做到決不放棄。別
人一次能做成的事，我可以做它一百次；別人十次
能做到的，我可以做它一千次〔非做成不止〕。如
果能這樣去做，即使最愚笨的人也一定會變聰明，
最柔弱的人也一定會堅強起來。

知與行因人而異　　有的人天資聰慧，不用學就能懂道理；有的人須學
習研究才懂；還有的人要經過苦思或困境才懂。但
最後「知」的結果是一樣的。①
有的人自動自發，不爲任何利害去做；有的人爲了
某種利益②去做；有的人要被動地〔例如是爲了
解除困難〕或經別人慫恿才去做。但只要做到了，
一樣都算成功。③

　　　　〔說到這裏，孔子停了一下，然後慨歎地加了一
　　　　句批評〕

知、行必須有恒　　他說：「一般人都說：『我知道』。④但被驅使到
羅網、陷阱裏去時，却不知道躲避。一般人都說，
『我知道』。他選擇了『中庸』〔合情合理的做人
原則〕却常常做不到一個月就放棄了！」

　　　　〔他又頓了一下，然後以顏回及舜爲例說明知與
　　　　行的層次。〕

顏回的做人態度　　孔子說：「顏回的做人態度是能選擇『中庸』，每

①此段似也可以譯爲：

有的事我們生下來就知道（本能的知識），有的事須經過學習研究才知道，有的事須從艱苦的經驗中去領會。但都是知。

②此處的「利」可指公共或私人的利益，但解釋爲公共的利益似較合君子之道。

③參閱25：2（p.13）「仁」、「知」的解釋。

④「予知」——美煌原譯爲「我有明智。」

也；有弗思，思之弗得弗措也；有弗辨，辨之弗明弗措也；有弗行，行之弗篤弗措也。人一能之，己百之；人十能之，己千之。果能此道矣，雖愚必明，雖柔必强。

20：4或生而知之，或學而知之，或困而知之；及其知之，一也。①或安而行之，或利②而行之，或勉强而行之；及其成功，一也。③

7：0 子曰：「人皆曰『予知。』④驅而納諸罟攫陷阱之中，而莫之知辟也。人皆曰：『予知。』擇乎中庸，而不能期月守也！」

8：0 子曰：「回之爲

29

得到了一種好的道理〔思想〕，就牢記在心，認眞去做，終生不改。」

孔子又說：「舜大概是個有大智的人吧！他喜歡向別人請教，而且愛思考、分析日常所聽到過的話，隱藏不好的而把好的加以發揚，他把握事物不同的兩面〔或兩個極端〕，採取最適中的道理來幫助人民。這就是舜的偉大吧。」

〔於是，孔子一邊讚揚，一邊慨歎。〕

他說：「〔舜可以說是做到了〕中庸的極致！已經很久沒有人能夠做到了。」①

孔子又說：「要把天下國家治理得很好，要不受地位金錢的誘惑，要面對利双而不退縮——這些都不是做不到的。但要能〔像舜一樣去〕做到中庸，是太難了！」

2、强與勇

〔當孔子說完知和行的道理後，子路問孔子「强」是否就是「勇」。〕

孔子說：「你問的是南方人的强呢？還是北方人的强呢？還是說一般所謂的强呢？② 那種用寬宏柔和的道理來教導人，當別人對你無禮時你也不去報復的，是南方人崇尚的强，是君子所要遵循的一種。

①這一段和下一段不指舜而言，也可以懂；但和舜的「用其中於民」一起講似更易解。同時「民鮮能久矣」中的「民」可能是和舜相對而言。

②這兩個「而」字一般解為「汝」（你），「抑而強與」為「還是你那樣的人強呢？」；「而強者居之」為「像你那樣的強者居之。」美煌原稿從此，譯為「還是你所認為的強呢？」按「而」字可解為「然」、「乃」等意，我採此意試譯，多備一種解釋，以為參考。

人也，擇乎中庸，得一善，則拳拳服膺而弗失之矣。」

6:0 子曰：「舜其大知也與！舜好問而好察邇言，隱惡而揚善，執其兩端，用其中於民。其斯以為舜乎！」

3:0 子曰：「中庸，其至矣乎！民鮮能久矣。」①

9:0 子曰：「天下國家可均也，爵祿可辭也，白刃可蹈也。中庸不可能也！」

10:0子路問「強」。子曰：「南方之強與？北方之強與？抑而②強與？寬柔以教，不報無道：南方之強也，君子居之。衽金革，死而不厭：北方

那種喜愛武裝，終生好戰的，是北方人的強，乃[①]
一般喜歡逞強好鬥的人所喜歡的。」

〔然後，孔子用讚歎的口氣來說明君子的強，也
就是眞正的勇。他說：〕

勇 —— 君子之強　　「君子和平處世而不與污俗同流，多偉大！[②] 立身
中正而不偏激，多了不起！處於康樂繁富的社會也
不會改變過去窮困時的素養，多不容易！處於惡劣
黑暗的社會也終身不變操守，多堅強呀！」〔這才
是眞正的強 —— 也就是勇。〕

〔解釋了「勇」後，孔子將「智」、「仁」、「
勇」三點的重要性做了一個結論。他說：〕

知道了〔好學、力行、知恥〕這三點後，便可以知
道如何去培養個人的德性了；知道如何去培養個人
的德性，則可以知道如何去管理和教育別人；知道
管理和教育的方法，便可以知道如何去治理國家了。

二、五達道

〔講完智、仁、勇三達德後，孔子再來談五達道
。他先談到對朋友的態度，齊家的要旨（夫妻、
兄弟、父子間的調和），又從父子的關係，講到
孝和祭祀，最後說明治國平天下的大道理，也必
須從個人的修身做起。〕

1、朋友之道

①見前頁註2。

②「矯」字前人註爲「强貌」（形容詞），「强哉矯」爲「形容强者勇武的神氣」，那樣的話似應爲「矯哉强」。 美煌原稿爲「那樣的强是多麼偉壯啊！」我覺得就文法結構上說似有欠妥之處（理由詳「我對中庸的幾點疑問」，pp.118-20）。

之强也，而①强者居之。」

「故君子和而不流，强哉矯！②中立而不倚，强哉矯！國有道，不變塞焉，强哉矯！國無道，至死不變，强哉矯！」

20:6知斯三者，則知所以修身；知所以修身，則知所以治人；知所以治人，則知所以治天下國家矣。」

忠、恕——待人
之道

一個人能做到「己所不欲、勿施於人」的「忠」〔本著
自己的良心〕和「恕」〔推己及人〕，那就離做人的根
本不遠了。①

2、父子、夫婦、兄弟之道

〔在這一節中，孔子除說明一家人應如何相處外
，並同時說明爲人處世，要從基本的做起。他說
：〕

君子一切從基本
做起

君子的「道」，就好像是要到遠處去，必須從近的
地方開始，要攀登到高處去，必須從低的地方起步
。詩經上說：

和妻子兒女和諧地生活，
要像琴和瑟的和鳴；
和兄弟們相處一起，
要快樂而且歡愉；
這樣，家庭就會和樂。
就會使妻兒們生活愉快。

孔子接着說：「〔一個人能和自己的兒女生活融洽
〕，和父母自然也會處得很和諧了！」②

〔於是有人問：請問孔子自己對五達道做到了什
麼地步？孔子很謙虛地說：〕

君子應奉行的這些達道，有四樣我都未能做到：(1)
所要求於做兒子的來奉事父母的，我未能做到；(2)
所要求於下屬的來服務領袖的，我未能做到；(3)所

96

①這段美煌原稿爲：「忠恕離大道不遠；那用在自己身上而心裏覺得不願受的事，也不要用到別人身上去。」

②一個人「自己和子女」與「自己和父母」二者同爲「父子」關係，只是不同的兩代而已。所以最後兩句說的是同一件事。一般將此句譯爲「果能這樣，做父母的一定也很稱心快意了罷！」美煌原稿爲「這樣，父母也稱心順意了。」似未能充分表出關係，故試加重譯。

13:2忠恕爲道不遠：施諸己而不願，亦勿施於人。①

15:0君子之道，辟如行遠必自邇，辟如登高必自卑。詩曰：

　　妻子好合，
　　如鼓瑟琴；
　　兄弟旣翕，
　　和樂且耽；
　　宜爾室家，
　　樂爾妻孥。

子曰：「父母其順矣乎！」②

13:3君子之道四，丘未能一焉：所求乎子以事父，未能也；所

要求於弟弟的來對待兄長的，我未能做到；(4)在朋友間先盡朋友之道的美德，我也未能做到。

〔不過，我要努力去〕①實踐做人常德，平常說話盡量謹慎。自覺有未能充分做到的地方，努力去完成它；有餘言可說，也不敢盡說。②並且說話時要先想想自己能否做到，做事時要先想想自己說過些什麼。做一個君子怎能不切實自檢自勉呢！③

3、孝道（父子之道的延伸）

〔孔子繼續發揮父母子女的這種人際的縱的關係，並提出「孝」的概念來說明它的重要性。又以武王、周公、舜為例，進而闡明祭祀的意義。〕

a. 孝的意義

以武王、周公為例說明「孝」

孔子說：「武王、周公是天下公認奉行孝道最澈底的人吧！所謂「孝」就是能好好地繼承先人的遺志，完成先人未完成的事業，以及在春、秋兩季整修祖先的廟堂、陳列他們留下來的重要器物及衣裳，獻祭應時的食物。」

b. 舜為大孝

大孝與大德

孔子又說：「舜是個最孝的人吧！在品德上說，他是個聖人；在地位上說他是一國的元首。他生時人人對他敬愛，④死後有宗廟紀念他，並且有他的子孫們世代保持祭祀。」

①以下各句和上面的原爲一整段，但極難連貫，所以試予分段。

②有人認爲「不敢盡說」的含意是怕說了不能行。如此則和下句的「言顧行」重複，似欠合理。應有更佳說法。

③在 12:0 (p.15)中孔子說君子之道淺顯處夫婦之愚也能知能行。在此段中他只有「夫婦之道」未提及，所以 12:0 和這一段應互相參照。

④此處的財富似不單指物質的，也應該指精神方面的——如人們對他的歌頌、敬愛。

求乎臣以事君，未能也；所求乎弟以事兄，未能也；所求乎朋友先施之，未能也。

①庸德之行，庸言之謹。有所不足，不敢不勉；有餘，不敢盡。② 言顧行，行顧言。君子胡不慥慥爾③。

19:1子曰：「武王、周公其達孝矣乎！夫孝者，善繼人之志，善述人之事者也。春秋，修其祖廟，陳其宗器，設其裳衣，薦其時食。」

17:0子曰：「舜其大孝也與！德爲聖人，尊爲天子，富④有四海之內，宗廟饗之，子孫保之。」

有偉大德行的人，一定會得到他應得的地位，應得的財富，應得的名望，和應得的生命。

〔例如〕自然界的生物，必會依個別的本質而發展：如生長中的受到培育，敗倒的加以掩埋〔回到土中去〕。[1] 詩經上說：

> 和善安樂的君子，
>
> 有許多盛好的美德。
>
> 宜於治理人民，
>
> 上天降福給他，
>
> 保佑他爲國王。
>
> 這是自然之道。

所以有大德的人，上天一定會賦予他重大的使命。

c. 祭禮的意義

宗廟的祭禮　　宗廟的祭禮，是藉以分別宗族中人的次序的：以官位排列時，則用以分別貴、賤；上祭時的職務請有才能的人擔任，是尊重賢能的意思；祭後年幼及位低的人要向位尊的人敬酒，使平常沒有機會向族中長輩及高位者接觸的人，也有機會交談接近；飲宴時依頭髮的顏色[2] 排定座位，用以區別長幼。

祭宗廟的禮，是對祖先表示孝的意思[3]。

祭禮和「孝」的　　在祭祀中各就各位，按規定的禮節行禮，獻奏一定關係　　的音樂；與祭的人對他所尊崇的表示敬意，所親近

38

故大德，必得其位，必得其祿，必得其名，必得其壽。

故天之生物，必因其材而篤焉：故栽者培之，傾者覆之。①

詩曰：

> 嘉樂君子，
> 憲憲令德。
> 宜民宜人，
> 受祿于天，
> 保佑命之，
> 自天申之。

故大德者必受命。

19:2宗廟之禮，所以序昭穆也：序爵，所以辨貴賤也；序事，所以辨賢也；旅酬下爲上，所以逮賤也；燕毛，②所以序齒也。

19:5宗廟之禮，所以祀乎其先也。③

19:3踐其位，行其禮，奏其樂；敬其所尊

①辜鴻銘先生說，孔子在此所說的也是「物競天擇，適者生存」（the survival of the fittest）的道理，不過孔子所指的是精神道德方面的「適者生存」而不是生物的進化論。（見 *The Conduct of Life* p.35）。還有，孔子以草木爲例，這幾句話也可從生物學觀點去看。那末「傾者覆之」可解釋爲敗落的草木，又被土蓋了起來，轉爲成長中草木的營養。

②即年齡的大小，通常年老的頭髮灰白，年輕髮黑。

③此句也可能爲後人註釋混入文內。

的表示愛意。也就是說：對已死的人就好像他們活
時一樣地去敬愛他們① ── 這才是最偉大的孝心。

郊祭天地的意義 祭天、地的禮是對神明表示敬意。

能了解祭天地的意義，以及宗廟中的大祭及秋祭的
道理，那對治理國家的事也就很容易明白了。

4、治國之道（領導者與下屬的關係）

〔治理一個國家牽涉到很多的人與事，所以孔子
分好幾方面一層層地加以說明。〕

a. 經國綱領

治國的綱領 治理國家天下有九種常行的綱領或方針：(1)培養②個
人的品德，(2)尊敬有才能的人，(3)愛親人，(4)重視
基本幹部，(5)關懷全體下屬，(6)像照顧子女般照顧
人民，(7)勉勵各行業的工作者，(8)優待遠來的人，
(9)扶助附屬或鄰近的小國。

治國之道的進一
步說明 培養個人的品德，然後可樹立行為的準則；尊敬有
才能的人，才不會受到迷惑；愛親人，父母兄弟才能和
順而不會互相抱怨；重視基本幹部，則〔職責分明〕不
會迷亂；關懷全體下屬，下屬才會感恩圖報；愛民
如子，人民才會相互勸勉共同為國努力；鼓勵各行
業的人，可增加國家的生產與財富；優待遠來的人
，各處的人都會前來歸附；扶助附屬和近鄰的小國
，則天下各國都會敬服。

① 「事死如事生，事亡如事存」可能前句指人，後句指制度禮儀。也可能都指人，而在時間上有遠近之分。

② 這段中的修、尊、親、敬、體、子、來、柔、懷等動詞，美煌譯為：修養、尊敬、親愛、敬重、接納（體恤）、子愛、招來、優待、安撫。（前人還有大同小異的譯法。）

，愛其所親；事死如事生，事亡如事存①——孝之至也。

19:4郊社之禮，所以事上帝也。

19:6明乎郊社之禮，禘嘗之義，治國其如示諸掌乎！

20:7凡為天下國家有九經，曰：修②身也，尊賢也，親親也，敬大臣也，體群臣也，子庶民也，來百工也，柔遠人也，懷諸侯也。

修身，則道立；尊賢，則不惑；親親，則諸父昆弟不怨；敬大臣，則不眩；體群臣，則士之報禮重；子庶民，則百姓勸；來百工，則財用足；柔遠人，則四方歸之；懷諸侯，則天下畏之。

使身心淨潔，穿著整齊，不做任何不合情理的事，這是「修身」〔個人品德的培養〕。不聽信讒言媚語，不近聲色之娛，輕視物質的佔有和享受，重視精神道德，是鼓勵才能的做法。尊重別人的地位、利益，協調不同的喜好和意見，[①] 是勸勉親人們互相敬愛的辦法。使基本幹部有充分的人力〔與權責〕，是獎勉他們的辦法。對忠誠可靠的提高待遇，是獎勵一般人員的辦法。在農閒時役使人民，減輕他們的稅金，是獎勵農民的辦法。定期按時觀察、考核，並給予實質上的獎勵，是鼓勵各行業人員的辦法。歡迎來自遠方的人，並歡送去遠處的人，嘉獎有善行的，憐恤能力薄弱的，是親善遠人的辦法。相鄰邦國有世系已中斷了的，要使他們能延續下去；扶助衰落的國家，解決內憂外患，使他們振興起來；依一定的時候和相鄰邦國來往，送他們的禮物要比他們送來的豐盛，這是對他們關懷的表示。簡單地說，治國的綱要有上述九項，但〔都必須有「人」來〕完成它們的道理是古今如一的。

〔然後，孔子簡單地做一結論說：做事做人都必須有計劃。〕

一切事情須預先計劃才會成功，否則將會失敗：例如言論如預先經過思考，便不會站不住腳；做事如預先擬定步驟便不會陷入困境；行為如預先想過，便不會後悔；做人的原則如預先確定，便不會行不通。[②]

① 「同其好惡」—— 美煌原稿譯爲「與他們的好惡協同。」前人有註爲「古代同姓貴族，爲一國重望所繫，故須「同其好惡」（迎合他們的喜好和厭惡）。」這種說法不易接受，因爲孔子既然要勸人行君子之道，似不可叫人隨便去迎合別人的好惡，並且和上下文及中庸其他章節不合。

辜鴻銘英譯這句爲"...sharing and sympathizing with their tastes and opinions"(*The Conduct of Life*, p.31) 較好。

我試解「同」爲「齊一」，伸引爲「協調」。

② 這一節的大意是說「三思而行，可增加成功的機會，減少失敗和後悔。」

齊明盛服，非禮不動，所以修身也；去讒遠色，賤貨而貴德，所以勸賢也；尊其位，重其祿，同其好惡，① 所以勸親親也；官盛任使，所以勸大臣也；忠信重祿，所以勸士也；時使薄斂，所以勸百姓也；日省月試，餼稟稱事，所以勸百工也，送往迎來，嘉善而矜不能，所以柔遠人也；繼絕世，舉廢國，治亂持危，朝聘以時，厚往而薄來，所以懷諸侯也。凡爲天下國家有九經，所以行之者一也。

凡事豫則立，不豫則廢：言前定，則不跲；事前定，則不困；行前定，則不疚，道前定，則不窮。②

b. 施政原則

〔策定治國的綱領後，必須切實地去施行，一個
政府才能得到人民的信任及擁護。所以孔子進一
步談到施政的原則。他說：〕

治國三要點

要治理國家必須有三〔多〕方面的慎重，目的都在
希望減少過錯吧！[①]就上層的立法者來說[②]，縱然制定
完善的法令和計劃，如沒有具體的建樹仍是不行：
沒有具體的建樹便不能徵信於人民，不能徵信於人
民便得不到他們的信任，不信任便不會服從。就下
層的執法者來說，如只認眞地執法而不尊重民意仍
不行：不尊重民意便得不到人民的信任，不信任便
不會遵從〔政令〕。

君子治國的方法是：(1)先求自身的完善〔或以身作
則〕，(2)以實際建樹取得人民的信任，(3)政令的設
施能：

　　　　　　(a)合於前人完善的禮法，
　　　　　　(b)合於天地間的自然律，
　　　　　　(c)合於宗教的精神，
　　　　　　(d)合於聖人之道。

合於宗教，表示合於人性；合於聖人之道，必會合
於人情。[③]

　　　　(1)上行下效的理想之治

44

①(a)這兩句有的本子併入上章「子曰：吾說夏禮……吾從周」（28：3）一段後。

(b)「三重」前人說法很多，美煌原稿從「議禮、制度、考文」的說法，而將這兩句譯成：「統治天下有議定禮法、制定規度、考定文字三事要慎重去做，那將可以少過失了。」

我以為應指下述的「君子之道」中的三層：(1)先求自身之完善，(2)以實際建樹來取得人民的信賴，(3)政令合於傳統的美德及自然趨勢。

②「上焉者」前人有認為是指夏、商、周三代，但和後面「考諸三王而不繆」不合。

上述學者認為「下焉者」指孔子一類在下面的人。但孔子本身為民，他下面似不應再有民了。

另有學者將「上焉者」指國王，「下焉者」指胥吏。美煌原稿從此，而將這幾句譯成：「在上的明君，雖有善道，而無顯著的徵驗，如無顯著的徵驗，就不能取信於天下，不能取信於天下，人民就不會服從。在下的賢臣，雖有善德而未得尊敬，如未得尊敬，就不能使人信服，不能使人信服，人民就不會遵從。」

我覺得仍不能令人滿意，我曾試將「上焉者」和「下焉者」指孔子同時的好的和不好的國王，似亦欠妥。最後決定暫提出左邊的譯法，就正高明。（理由詳「我對中庸的幾點疑問」一文，pp. 123-24。）

③這段譯文也不是美煌原稿，但除「質諸鬼神而無疑」一句外，在意思上我仍用他的解釋。〔美煌這句的原稿是：「質正於鬼神陰陽的幾微(?)間而沒有可疑感(?)。」（有問號的幾個字看不清。）

我試以「宗教」代替「鬼神」，以「人性」解釋「知天也」的「天」（「天命謂之性」，1：1），以「人情」解釋「知人也」的「人」。

29：0王天下有三重焉，其寡過矣乎！① 上焉者，② 雖善無徵，無徵不信，不信民弗從。下焉者，雖善不尊，不尊不信，不信民弗從。

故君子之道，本諸身，徵諸庶民，考諸三王而不繆，建諸天地而不悖，質諸鬼神而無疑，百世以俟聖人而不惑。質諸鬼神而無疑，知天也；百世以俟聖人而不惑，知人也。③

〔接着，孔子將完成(1)、(2)──先求自身完善，再以行動徵信──後的理想境界，加以描寫和讚美。他說：〕

理想的君子之治

因此，君子的一舉一動就可以永遠成爲大家做人、做事的準則。就是說，他的行爲會被人視爲模範，他的話（言論）會被視爲法則。不和他同時同地的人會對他景仰，而和他同時同地的人也會喜歡他。

正如詩經上說的：

> 那邊沒有人憎惡，
> 這兒沒有人討厭。
> 可以說是時刻勤奮，
> 來長保永久的美譽。

君子沒有不如此而能揚名天下的。

(2)施政四要點

〔然後，他將四施政要點，用史實、事實和比喻依次說明。〕

(a)合於前人完善的禮法

堯、舜、周文王
、武王的偉大

孔子先說堯、舜的道德，再宏揚文王、武王的禮法，以及上按天時，下按地利的道理：[1]〔完善的制度〕正好像天地的無所不包、無所不容；又好像春、夏、秋、多四季的循環不息；像太陽和月亮分別照著白天和夜晚〔各有各的功能〕，萬物的同時生

①(a)這四句一般解為「孔子遠宗堯舜，近法文王武王；上應天時，下合地利。」美煌原稿從此，唯措辭不同。

(b)「上律天時，下襲水土」似近國父所說的「因時制宜，因地制宜。」

(c)我認為「祖述」，既可引伸為「遠宗」，那麼在詞性上也可引伸為「先說……。」

是故君子動而世為天下道，行而世為天下法，言而世為天下則。遠之則有望，近之則不厭。

詩曰：

在彼無惡，
在此無射。
庶幾夙夜，
以永終譽。

君子未有不如此，而蚤有譽於天下者也。

30:0 仲尼祖述堯、舜，憲章文、武，上律天時，下襲水土：①辟如天地之無不持載，無不覆幬；辟如四時之錯行；如日月之代明，萬物並育而不

長而不會幾此妨礙，不同的道〔真理〕也可以同時
存在而不會相互抵觸，小德像長流的河川，① 可滙
成盛大、深厚的大德。這些道理，和天地的所以能
夠博大是一樣的。

〔問：孔子如此推崇夏、商、周三代的聖明制度
禮儀，是否說我們一切只要模仿他們就行了？孔
子不做直接的答覆。他先將三代做了一個比較。〕

孔子讚同用周的　　孔子說：「我談夏代的禮法時，發現杞國所保存的
禮法　　　　　　文獻不足爲證明。我研究過殷代的禮法，那只有宋
國② 在保存它。我學習周代的禮法，那是我們仍在
用的，所以我遵循它。」③

〔然後，孔子將周文王、武王的情形加以敍說，
並不時予以讚美。〕

對周文王的讚揚　　孔子說：「沒有憂慮的人只有周文王了吧！他有王
季那樣的父親，武王那樣的兒子。父親開創基業，
兒子來完成他的志向。卽是說武王繼承大王、王季
、文王的事業，一出兵便打敗了紂王而得到了天下
，全國聞名，而成爲天子；他生時擁有全國的財
富，④ 死後有宗廟紀念他，並有子孫們世代祭祀。」

〔孔子並引詩經 上讚美天（自然）和文王美德的
詩。將二者並提，似乎說文王和天一樣偉大。〕

引詩讚論文王之　　詩經上說：⑤
德

自然〔天〕的真理，
真是源遠無窮！

48

① 「小德川流」——前人註爲「諸子之道，如川之流」，而和聖人之道「不悖」；或「小德如川流一樣，永遠不停」。這些都合文義。但「小德」和「大德」先後出現：以「川流」比小德，除指它們的長流不息外，應兼指它們的多和分佈之廣，所以能滙成如大海的大德。

② 原文中「有宋」的「有」爲語助詞，無意義。

③ 這一段美煌原稿從一般講法，只在最後三句中加一句，譯爲「我學了周的禮法，它是改進了夏、殷二代而定的，現在天下都用它，我遵從周的禮法。」

④ 這裏的「財富」和17:0（p.39）一樣，不應單指物質上的富有，應兼指（或主要的是指）精神方面的豐富與幸福。

⑤ 此節有人併入上節（26:3）。

相害，道並行而不相悖，小德川流①大德敦化。此天地之所以爲大也。

28:5 子曰：「吾說夏禮，杞不足徵也。吾學殷禮，有宋②存焉。吾學周禮，今用之，吾從周。③

18:1 子曰：「無憂者，其惟文王乎！以王季爲父，以武王爲子；父作之，子述之。武王纘大王，王季、文王之緒，壹戎衣而有天下，身不失天下之顯名，尊爲天子，富④有四海之內，宗廟饗之，子孫保之。

27:1 詩云：⑤

維天之命，
於穆不已。

49

這是讚美自然之所以是自然！

〔詩經上又說：〕

　　啊，能不①顯嗎？
　　文王的美德是如此的博大光明！②

這是說文王的所以被稱爲文王，是由於他博大光明
②的品德，持久不息。

〔接下去才談到武王，周公的立法〕

武王、周公之禮
法

武王晚年才受命爲天子，他的弟弟周公幫助他完成
文王、武王的功德政績，並追稱大王、王季爲王，
對於歷代祖先都用天子的禮去祭。

周公所定紀念先人的禮法，適用於諸侯、大夫、士
〔大夫以上官員〕及一般人民。例如父親是大夫，
兒子爲士，父死後用大夫的禮去埋葬，用士的禮去
祭祀；父親爲士，兒子爲大夫的話，則用士的禮去
埋葬，用大夫的禮去祭。旁系親屬去世後應守禮一
年，這種禮只到大夫爲止；但直系親屬去世後，應
守禮三年，這種禮天子也得遵守：例如父母的喪禮，
天子平民必須一律遵守。

〔問：周代至武王時才制定這些禮法，是否說要
有某種條件才可以這樣做？孔子說：是的，並分
「人」與「時」兩方面來說明。〕

〔就人來說，只有元首可以〕

有德的領導者方
可以創制立法

不是天子③不能〔不可以〕改訂禮法，不得創立新
制度，不可修訂文字。

50

① 「不顯」的「不」，有人註爲「丕」（大的意思）。即「不顯」爲「大顯」。另有釋「不顯」爲「豈不顯著」的。美煌譯文從後者。

② 「純」──一般解爲「純一不雜」，美煌從此。我覺得欠清楚。另從「大也」，「明也」（辭海）兩義試譯。這兩句美煌的原稿是：「呵，呵，那豈不光耀呀，文王之德的精誠純一……文王的純一不貳也正如天道的永不止息。」

③ 似相當我國現在之總統及立法院。

蓋曰：天之所以爲天也。

於乎不①顯，
文王之德之純。②

蓋曰：文王之所以爲文也，純②亦不已。

18:2 武王末受命，周公成文武之德，追王大王、王季，上祀先公以天子之禮。
斯禮也，達乎諸侯、大夫，及士、庶人，父爲大夫，子爲士：葬以大夫，祭以士。
父爲士，子爲大夫：葬以士，祭以大夫。
期之喪，達乎大夫；三年之喪，達乎天子；父母之喪，無貴賤一也。

28:2 非天子③不議禮，不制度，不考文。

〔並且〕如果只有職權，但沒有大家共同欽佩的德行，也不可以創制新的禮、樂。〔反過來說〕，雖有好的德行，但沒有職權地位，也不能改革制度。

〔還有要考慮到時空上的需要。孔子說在當時即使具有「人」方面的條件也不必創立新的禮法，因為——〕

立法創制的時空條件
現在全國的車子和馬路的大小標準已經有統一的規定，文字有統一的寫法與意義，行為也已有公認的倫理標準。①

(b)合於天地間的自然律

〔問：剛才孔子提到天地和宗教（鬼神），不知它們和治國有什麼關係？孔子說：人生於天地間，不能違背自然的規律；宗教代表人的思想、信仰，也不能背棄。接着，孔子便將天地間大、小的關係和宗教的力量加以說明。〕

天地生物功能的一致性
天和地的道理，② 可用一句話概括：「因為它們使萬物生長的功能〔或目的〕是相同的，③ 所以孕育萬物的能力是不可限量的。

天地之大，積小而成（為政也是一樣）
天地〔的道理〕真是博大、深厚、高廣、光明、悠遠、恒久：〔例如〕呈現在我們眼前的一團明亮是天；但是整個無窮盡的天體，可包容日、月、星辰及無數的生物。地，不過是一把泥土；但整個廣大、深厚的大地可以承負最大的高山，也不會重，容

52

①這一段也可能是後人的注釋。

②這一節可和「君子之道費而隱」（12：0，p.15）及以下「聖人之道」中的幾節參看。

③「不貳」——一般解爲「一」，引伸爲「誠」或「至誠」。美煌似從此，原稿將這幾句譯爲：「天地生物的根本道理，可用「至誠」一言而總括完備了。〔另段〕至誠對於萬物始終純一不貳，所以它化生萬物的功德就不可度量。」

我不知美煌的「純一不貳」指什麼。但將「不貳」解爲「誠」，我頗感懷疑。我認爲「其爲物不貳」指天和地雖是兩樣，但生育萬物的功能是一致的。例如植物的生長必須有來自天的陽光雨露，來自地的泥土、水分。（參閱「喜怒哀樂」一節〔1：3，p.25〕註②。）

辜鴻銘這段的英譯如下：

> The principle in the course and operation of nature may be summed up in one word: it exists for its own sake without any double or ulterior motive. Hence the way in which it produces things is unfathomable. (*The Conduct of Life*, p.44)

28:4雖有其位，苟無其德，不敢作禮樂焉；雖有其德，苟無其位，亦不敢作禮樂焉。

28:3今天下車同軌，書同文，行同倫。①

26:2天地之道，② 可一言而盡也：其爲物不貳，③ 則其生物不測。

天地之道：博也，厚也，高也，明也，悠也，久也。今夫天，斯昭昭之多；及其無窮也，日月星辰繫焉

納無數的河川大海也不會滿 ── 它可以載負萬物。山，不過是一塊塊的石頭；但一座大山可容無數的草木生長，禽獸居住，以及多種礦物的隱藏。一杓水也是水；但深廣的河川、海洋，卻可容黿、鼉、蛟、龍、魚、鼈等生物及許多其他資源的生殖。

(c)合於宗教的精神

宗教無形的力量，無所不在

孔子說：「宗教的精神力量，眞是太盛大了！[①] 我們看不見它，聽不見它，可是它卻是無所不在。它使天下人人在形式上和思想上都敬畏它。它盛大無比，好像就在我們的頭頂上，好像就在我們旁邊。正如詩經上說的：

宗敎的力量，[②]
無法衡量，
也無法猜度。

再提誠的力量與宗教力量相比

看不見而又無所不在，誠的力量，和宗教一樣是無法掩覆的！[③]

(d)合於聖人之道

〔孔子認爲聖人的言行爲最高的做人模範，是古今不變的道理，所以在講述時常常夾進去許多表示仰慕欽佩的話。因爲聖人之道是古今的最高做人爲政的原則，這一部分雖談的多是過去，實際上也在說未來。也卽是說治國能合於聖人之道，便會合於（利於）未來之發展。〕

，萬物覆焉。今夫地，一撮土之多；及其廣厚，載華嶽而不重，振河海而不洩，萬物載焉。今夫山，一卷石之多；及其廣大，草木生之，禽獸居之，寶藏興焉。今夫水，一勺之多；及其不測，黿、鼉、蛟、龍、魚、鱉生焉，貨財殖焉。

16:0子曰：「鬼神之爲德，其盛矣乎！①視之而弗見，聽之而弗聞，體物而不可遺。使天下之人，齊明盛服，以承祭祀。洋洋乎如在其上，如在其左右。詩曰：

神之格②思，
不可度思，
矧可射思。

夫微之顯，誠之不可揜，如此夫！③

①這兩句美煌原稿如下：
孔子說：「靈如鬼神的陰陽屈伸的功能，眞是盛大啊！」

②「格」、「矧」、「射」一般注釋爲：
格——來也；矧——況；射——厭惡不敬。
美煌從此，將引詩譯成：
神的來臨呀，是不可測度的，
何況是厭惡不敬呢！
我覺得二、三兩句不相連貫，另採辭海上如下的解釋：
格——法式；量度〔引伸爲「力量」〕；
矧——亦；射——猜度
試加重譯，以供參考。

③根據這一段，這節應歸入談「誠」的章節。（如24：0「至誠如神」一段p.67）。但上述談「鬼神」部份似不易同時併入。暫歸此。

聖人之道的偉大功能	多偉大啊！那聖人之道：是那樣的浩大，使萬物孕育成長；它和天一樣的高，一樣的大。所以人類文明的一切律法和習俗，要有聖人才能推行。所以說：如沒有大德的人來做，偉大的聖人之道是無法達成的。
聖人的胸懷與能力	只有具有德性的大聖人，才有聰明才智來領導（治理）人民；才有寬大的胸懷和仁心，來接納一切；才有奮發、剛強、堅毅的力量，來堅守他的立場；才有嚴肅、莊重、光明的人格，來獲得人民的愛戴；才有精密的思考力和洞察力，來分別是非曲直。
聖人的德行——大而深	〔聖人的德行〕廣而大、深而靜；[1] 並能適時地表現出來。它的廣大有如天空，深靜有如淵泉。[2] 他有所表現，人民沒有不遵敬的；有所言說，人民沒有不信服的；有所行動，人民沒有不喜悅的。
聖人的美譽滿天下	所以，他的名聲充滿全中國，並傳揚到南北未開化〔落後〕的民族中去。凡是舟、車可到的、人力可達的地方，即是說天下、人間，太陽能照得到的地方，霜露可以落得到的地方，有血肉有呼吸[3]的人，沒有不尊敬他、想親近他的。所以說：聖人的德是可以和天相比的。

c. 為政在人

「講完施政的綱領及原則後，孔子回過來重複人的重要，並以史實為例說明。」

56

① 「溥博」——美煌從前人註譯爲「周徧廣遠」；而將「淵泉」譯爲「沈潛深含。」似還不夠淺近，試加改譯。

②即英文中所說的"still waters run deep"（「水深則靜」，意即「大智若愚」）。

③ 「血氣」——美煌從一般說法，不譯。我覺得這個詞不夠「白」，試譯爲「血肉、呼吸」，但願不是畫蛇添足。

27:2大哉聖人之道：洋洋乎發育萬物，峻極于天，優優大哉！禮儀三百，威儀三千，待其人而後行。故曰：苟不至德，至道不凝焉。

'31:0唯天下至聖，爲能聰明睿知，足以有臨也；寬裕溫柔，足以有容也；發强剛毅，足以有執也；齊莊中正，足以有敬也；文理密察，足以有別也。

溥博淵泉，① 而時出之。溥博如天，淵泉如淵。② 見而民莫不敬，言而民莫不信，行而民莫不說。

以是聲名洋溢乎中國，施及蠻貊。舟車所至，人力所通，天之所覆，地之所載，日月所照，霜露所隊，凡有血氣③者，莫不尊親。故曰配天。

(1)領導者的重要性

領導者的個人品
德與推行政令的
關係

①周代文王、武王的治國政策都還記載在簡册上。不
過，只有當他們活著的時候，他們的政策得以施行
；他們一死，那政策也就跟著死去。換句話說，統
治者的賢德能加速政治的成效。正好像肥沃的土地
，能加速樹木的生長。政令的推行就像蒲葦的生長
一樣〔土地愈肥，長得愈快〕。

(2)選舉賢能的準則

選人以仁義為本

所以治理國家社會的根本在人，選舉或選擇適當的
人要先看他本身的修養，一個人的修養要以天性為
本，要培養及發揚天性必須從「仁」、「義」②入手
。所謂「仁」就是「人」或「做人」，其中以敬愛
父母、親人為最根本；所謂「義」就是「宜」或「
恰當」，其中以尊敬賢能的人為最重要。敬愛親人
可有等級之分，尊敬賢能也有等級之分。禮就是由
此產生的。

(3)上下互信的道理

〔只有好的領導者還不夠，下級的幹部也必須先
做到自身的完善，才能上下互相信任，完成建國
大道。所以孔子又說：〕

誠為獲信之本

下級的人如得不到上級的信任，就無法治理人民。
要獲得上級的信任有一個原則：一個人如得不到朋
友的信任，也就不能獲信於上級。要獲得朋友的信

58

① 「哀公問政」一句可能指魯哀公現在向孔子問治國的道理，也可能指哀公過去問過孔子，孔子現在用以前回答哀公的話來給學生講。我將它在譯文中略去，使上下文較能連貫。

② 原文此處無「義」字，可能漏字或漏句。否則，下句突然解釋起「義」來，不合中庸行文習慣。

20:1 哀公問政。① 子曰：「文武之政，布在方策。其人存，則其政舉；其人亡，則其政息。人道敏政，地道敏樹。夫政也者，蒲盧也。」

故為政在人，取人以身，修身以道，修道以仁。② 仁者，人也；親親為大。義者，宜也，尊賢為大。親親之殺，尊賢之等，禮所生也。

20:8 在下位，不獲乎上，民不可得而治矣。獲乎上有道：不信乎朋友，不獲乎上矣。信乎朋友有道：不

任也有原則：不能孝順父母就得不到朋友的信任。
要孝順父母也有原則：自問心意不誠，就不是眞心
的孝順，要心意眞誠也有原則：不明白什麼是本性
的善，就不能做到心意的眞誠了。①

(4)君子的德化之治

君子無言而治　　詩經上說：

> 達無言之境，
> 就無須爭論。②

所以君子治國時，不用獎賞，人民就會自動奮勉；
不需要疾言厲色，人民就會畏懼刑法。

詩經上說：

> 眞正的美德不做自我表現，
> 而窮鄉僻國都奉以爲範。③

所以說君子純厚、誠敬，就能使天下太平。

詩經上說：

> 我有光明的言行，
> 用不著疾言厲色。

孔子說：「用疾言厲色來敎育人民，是最不高明的
方法。」詩經上又說：

> 德行的感人，
> 像鴻毛般輕柔。

①即是說：要獲信於上級須先得朋友的信任，要取信朋友須先孝順父母，要孝順父母須先有誠心，要誠心須先了解本性中的善，否則就不能達到心的眞誠了。

②這兩句美煌的原稿是：

「進而感格於神明，無言而默化，這時就沒有什麼爭的了。」

又「沉默是金，雄辯是銀」的俗諺，和這兩句有近似處。

③美煌原稿爲：

「豈不顯著嗎！唯有文王的道德！凡國君都效法他！」

順乎親，不信乎朋友矣。順乎親有道：反諸身不誠，不順乎親矣。誠身有道：不明乎善，不誠身矣。①

33:3 詩曰：

奏假無言，
時靡有爭。②

是故君子不賞而民勸，不怒而民 於鐵鉞。

詩云：

不顯惟德，
百辟其刑之 。③

是故君子篤恭而天下平。

詩曰：

予懷明德，
不大聲以色。

子曰：「聲色之於以化民，末也。」

詩曰：

德輶如毛。

這比喻還不夠好，因為鴻毛雖然輕柔還是有形跡。
另一首詩說：

〔像〕宇宙的生育萬物，

聽不見，聞不到。

那才是最高明的！①

毛猶有倫。

上天之載，
無聲無臭。

至矣！①

① 這一節美煌的原稿是：「詩經（大雅皇矣篇）說：『我懷着明德以化導人民，是不須大（厲）聲以形表於態色的。』孔子又說：『以聲色來化導人民，是末下的事！』詩經（大雅蒸民篇）說：『德的感化作用，輕易細微得好像毫毛一樣。』毫毛還有可以倫比的形跡，『那上天的化育，是無聲無臭的』（大雅文王篇）。這真是妙善至極了！」

肆、結 論

〔孔子講完修身、齊家、治國後，最後回到「至誠」的重要性，以總結整篇<u>中庸</u>的道理。他說:〕

至誠的力量

經由至誠的方法可以預知事情的發展：例如一個國家將興盛時，一定可見到好的預兆；一個國家將衰亡時，也一定會有不正常的現象發生。這些可能在卜卦用的蓍草和龜売上顯示出來，也可能在人們的動作、行為中透露出來。禍、福將來時，是好或是不好，都可以事先覺察到。所以說至誠有如神明[1]〔有神奇的力量〕。

天下唯有至誠的人，才能調理治國的綱常，確定立國的根本，知道天地間萬物的生長與變化。他憑什麼能夠如此呢？就是那純粹誠摯的仁心，深不可測的智慧，和廣大如天的胸懷。如果不是天性聰明睿智，通達天德〔仁、義、禮、智〕的人，那還有誰能知道這至誠的大道呢！

（全譯文完）

①以前相信神和卜卦有預知的力量，正如現在許多人仍相信上帝為全知全能，所以孔子用它做比喻，並不表示孔子迷信。

24:0至誠之道，可以前知：國家將興，必有禎祥；國家將亡，必有妖孽。見乎蓍龜，動乎四體。禍福將至：善，必先知之；不善，必先知之。故至誠如神。①

32:0唯天下之至誠，為能經綸天下之大經，立天下之大本，知天地之化育。夫焉有所倚？肫肫其仁，淵淵其淵，浩浩其天。苟不固聰明聖知達天德者，其孰能知之！

中庸：原本全文（美序標點）

（一） 1:1 　　天命之謂性，率性之謂道，修道之謂教。道也者，不可須臾離也；可離，非道也。

　　 1:2 　　是故，君子戒慎乎其所不睹，恐懼乎其所不聞。莫見乎隱，莫顯乎微，故君子慎其獨也。

　　 1:3 　　喜怒哀樂之未發，謂之中；發而皆中節，謂之和。中也者，天下之大本也；和也者，天下之達道也。致中和，天地位焉，萬物育焉。

（二） 2:0 　　仲尼曰：「君子中庸，小人反中庸。君子之中庸也，君子而時中；小人之反中庸也，小人而無忌憚也。」

（三） 3:0 　　子曰：「中庸其至矣乎！民鮮能久矣。」

（四） 4:0 　　子曰：「道之不行也，我知之矣：知者過之，愚者不及也。道之不明也，我知之矣：賢者過之，不肖者不及也。人莫不飲食也，鮮能知味也！」

（五） 5:0 　　子曰：「道其不行矣夫！」

（六） 6:0 　　子曰：「舜其大知也與！舜好問而好察邇言，隱惡而揚善，執其兩端，用其中於民。其斯以爲舜乎！」

㈦　7:0　　子曰：「人皆曰：『予知。』驅而納諸罟擭陷阱之中，而莫之知辟也。人皆曰：『予知。』擇乎中庸，而不能期月守也！」

㈧　8:0　　子曰：「回之為人也，擇乎中庸，得一善，則拳拳服膺而弗失之矣。」

㈨　9:0　　子曰：「天下國家可均也，爵祿可辭也，白刃可蹈也。中庸不可能也！」

㈩　10:0　　子路問「強。」子曰：「南方之強與？北方之強與？抑而強與？寬柔以教，不報無道：南方之強也，君子居之。衽金革，死而不厭：北方之強也，而強者居之。」
　　　　「故君子和而不流，強哉矯！中立而不倚，強哉矯！國有道，不變塞焉，強哉矯！國無道，至死不變，強哉矯！」

㈠㈠　11:0　　子曰：「素隱行怪，後世有述焉；吾弗為之矣。君子遵道而行，半塗而廢；吾弗能已矣。君子依乎中庸，遯世不見知而不悔，唯聖者能之。」

㈠㈡　12:0　　君子之道，費而隱：夫婦之愚，可以與知焉；及其至也，雖聖人亦有所不知焉。夫婦之不肖，可以能行焉；及其至也，雖聖人亦有所不能焉：天地之大也，人猶有所憾。故君子語大，天下莫能載焉；語小，天下莫能破焉。詩云：「鳶飛戾天，魚躍于淵。」言其上下察也。君子之道，造端乎夫婦；及其至也，察乎天地。

㈠㈢　13:1　　子曰：「道不遠人。人之為道而遠人，不可以為道。

67

詩云：『伐柯伐柯，其則不遠。』執柯以伐柯，睨而視之，猶以爲遠。故君子以人治人，改而止。」

13:2　　忠恕違道不遠：施諸己而不願，亦勿施於人。

13:3　　君子之道四，丘未能一焉：所求乎子以事父，未能也；所求乎臣以事君，未能也；所求乎弟以事兄，未能也；所求乎朋友先施之，未能也。

庸德之行，庸言之謹。有所不足，不敢不勉；有餘，不敢盡。言顧行，行顧言。君子胡不慥慥爾！

（四）14:0　　君子素其位而行，不願乎其外：素富貴，行乎富貴；素貧賤，行乎貧賤；素夷狄，行乎夷狄；素患難，行乎患難。君子無入而不自得焉。

在上位，不陵下；在下位，不援上。正己而不求於人，則無怨——上不怨天，下不尤人。故君子居易以俟命，小人行險以徼幸。

子曰：「射有似君子：失諸正鵠，反求諸其身。」

（五）15:0　　君子之道，辟如行遠必自邇，辟如登高必自卑。詩曰：「妻子好合，如鼓瑟琴；兄弟既翕，和樂且耽；宜爾室家，樂爾妻帑。」子曰：「父母其順矣乎！」

（六）16:0　　子曰：「鬼神之爲德，其盛矣乎！視之而弗見，聽之而弗聞，體物而不可遺。使天下之人，齊明盛服，以承祭祀。洋洋乎如在其上，如在其左右。詩曰：『神之格思，不可度思，矧可射思。』夫微之顯，誠之不可揜，如此夫！」

子曰：「舜其大孝也與！德爲聖人，尊爲天子，富有四海之內，宗廟饗之，子孫保之。」

故大德，必得其位，必得其祿，必得其名，必得其壽。

故天之生物，必因其材而篤焉：故栽者培之，傾者覆之。

詩曰：『嘉樂君子，憲憲令德。宜民宜人，受祿于天。保佑命之，自天申之。』故大德者必受命。

子曰：無憂者，其惟文王乎！以王季爲父，以武王爲子；父作之，子述之。武王纘大王、王季、文王之緒，壹戎衣而有天下，身不失天下顯名，尊爲天子，富有四海之內，宗廟饗之，子孫保之。

武王末受命，周公成文武之德，追王大王、王季，上祀先公以天子之禮。

斯禮也，達乎諸侯、大夫，及士、庶人。父爲大夫，子爲士：葬以大夫，祭以士。父爲士，子爲大夫：葬以士，祭以大夫。期之喪，達乎大夫；三年之喪，達乎天子：父母之喪，無貴賤一也。

子曰：「武王、周公，其達孝矣乎！夫孝者，善繼人之志，善述人之事者也。春秋，修其祖廟，陳其宗器，設其裳衣，薦其時食。」

宗廟之禮，所以序昭穆也：序爵，所以辨貴賤也；序事，所以辨賢也；旅酬下爲上，所以逮賤也；燕毛，所以序齒也。

19:3　　　踐其位，行其禮，奏其樂；敬其所尊，愛其所親；事死如事生，事亡如事存──孝之至也。

19:4　　　郊社之禮，所以事上帝也。

19:5　　　宗廟之禮，所以祀乎其先也。

19:6　　　明乎郊社之禮，禘嘗之義，治國其如示諸掌乎！

20:1　　　哀公問政。子曰：「文武之政，布在方策。其人存，則其政舉；其人亡，則其政息。人道敏政，地道敏樹。夫政也者，蒲盧也。」

故爲政在人，取人以身，修身以道，修道以仁。仁者，人也；親親爲大。義者，宜也，尊賢爲大。親親之殺，尊賢之等，禮所生也。

20:2　　　故君子不可以不修身。思修身，不可以不事親；思事親，不可以不知人；思知人，不可以不知天。

20:3　　　天下之達道五，所以行之者三。曰：君臣也，父子也，夫婦也，昆弟也，朋友之交；五者，天下之達道也。知、仁、勇三者，天下之達德也。所以行之者一也。

20:4　　　或生而知之，或學而知之，或困而知之；及其知之，一也。或安而行之，或利而行之，或勉強而行之；及其成功，一也。

20:5　　　子曰：「好學近乎知，力行近乎仁，知恥近乎勇。」

20:6　　知斯三者，則知所以修身；知所以修身，則知所以治人；知所以治人，則知所以治天下國家矣。

20:7　　凡爲天下國家有九經，曰：修身也，尊賢也，親親也，敬大臣也，體群臣也，子庶民也，來百工也，柔遠人也，懷諸侯也。

　　　　修身，則道立；尊賢，則不惑；親親，則諸父昆弟不怨；敬大臣，則不眩；禮群臣，則士之報禮重；子庶民，則百姓勸；來百工，則財用足；柔遠人，則四方歸之；懷諸侯，則天下畏之。

　　　　齊明盛服，非禮不動，所以修身也；去讒遠色，賤貨而貴德，所以勸賢也；尊其位，重其祿，同其好惡，所以勸親親也；官盛任使，所以勸大臣也；忠信重祿，所以勸士也；時使薄斂，所以勸百姓也；日省月試，既廩稱事，所以勸百工也；送往迎來，嘉善而衿不能，所以柔遠人也；繼絕世，舉廢國，治亂持危，朝聘以時，厚往而薄來，所以懷諸侯也。凡爲天下國家有九經，所以行之者一也。

　　　　凡事豫則立，不豫則廢：言前定，則不跲；事前定，則不困；行前定，則不疚；道前定，則不窮。

20:8　　在下位，不獲乎上，民不可得而治矣。獲乎上有道：不信乎朋友，不獲乎上矣。信乎朋友有道：不順乎親，不信乎朋友矣。順乎親有道：反諸身不誠，不順乎親矣。誠身有道：不明乎善，不誠身矣。

20:9　　誠者，天之道也；誠之者，人之道也。誠者，不勉而中，不思而得，從容中道——聖人也；誠之者，擇善而固執之者也。

20:10　博學之，審問之，慎思之，明辨之，篤行之。有弗學，學之弗能弗措也；有弗問，問之弗知弗措也；有弗思，思之弗得弗措也；有弗辨，辨之弗明弗措也；有弗行，行之弗篤弗措也。人一能之，己百之；人十能之，己千之。果能此道矣，雖愚必明，雖柔必強。

(三)　21:0　自誠明，謂之性；自明誠，謂之教。誠則明矣，明則誠矣。

(三)　22:0　唯天下至誠，爲能盡其性；能盡其性，**則能盡人之性**；能盡人之性，**則能盡物之性**；能盡物之性，則可以贊天地之化育；可以贊天地之化育，則可以與天地參矣。

(三)　23:0　其次致曲：曲能有誠，誠則形，形則著，著則明，明則動，動則變，變則化，唯天下至誠爲能化。

(三)　24:0　至誠之道，可以前知：國家將興，必有禎祥；國家將亡，必有妖孽。見乎蓍龜，動乎四體。禍福將至：善，必先知之；不善，必先知之。故至誠如神。

(三)　25:1　誠者，自成也；而道，自道也。誠者，物之終始：不誠無物。

25:2　是故君子誠之爲貴。誠者，非自成己而已也，所以成物也。成己，仁也；成物，知也。性之德也，合外內之道也，故時措之宜也。

(三)　26:1　故至誠無息，不息則久，久則徵，徵則悠遠，悠遠則

72

博厚，博厚則高明。博厚，所以載物也；高明，所以覆物也；悠久，所以成物也。博厚配地，高明配天，悠久無疆。如此者，不見而章，不動而變，無爲而成。

26:2　天地之道，可一言而盡也：「其爲物不貳，則其生物不測。」天地之道：博也，厚也，高也，明也，悠也，久也。今夫天，斯昭昭之多；及其無窮也，日月星辰繫焉，萬物覆焉。今夫地，一撮土之多；及其廣厚，載華嶽而不重，振河海而不洩，萬物載焉。今夫山，一卷石之多；及其廣大，草木生之，禽獸居之，寶藏興焉。今夫水，一勺之多；及其不測，黿鼉蛟龍魚鼈生焉，貨財殖焉。

（宣）27:1　詩云：「維天之命，於穆不已。」蓋曰：天之所以爲天也。「於乎不顯，文王之德之純。」蓋曰：文王之所以爲文也，純亦不已。

27:2　大哉聖人之道：洋洋乎發育萬物，峻極于天，優優大哉！禮儀三百，威儀三千，待其人而後行。故曰：苟不至德，至道不凝焉。

27:3　故君子尊德性而道問學，致廣大而盡精微，極高明而道中庸，溫故而知新，敦厚以崇禮。是故居上不驕，爲下不倍。國有道，其言足以興；國無道，其默足以容。詩曰：「旣明且哲，以保其身。」其此之謂與！

（元）28:1　子曰：「愚而好自用；賤而好自專；生乎今之世，反古之道——如此者，烖及其身者也！」

28:2 　　非天子不議禮，不制度，不考文。

28:3 　　今天下車同軌，書同文，行同倫。

28:4 　　雖有其位，苟無其德，不敢作禮樂焉；雖有其德，苟無其位，亦不敢作禮樂焉。

28:5 　　子曰：「吾說夏禮，杞不足徵也。吾學殷禮，有宋存焉。吾學周禮，今用之，吾從周。」

（元）29:0 　　王天下有三重焉，其寡過矣乎！上焉者，雖善無徵，無徵不信，不信民弗從。下焉者，雖善不尊，不尊不信，不信民弗從。故君子之道，本諸身，徵諸庶民，考諸三王而不繆，建諸天地而不悖，質諸鬼神而無疑，百世以俟聖人而不惑。質諸鬼神而無疑，知天也；百世以俟聖人而不惑，知人也。

　　是故君子動而世為天下道，行而世為天下法，言而世為天下則。遠之則有望，近之則不厭。

　　詩曰：「在彼無惡，在此無射。庶幾夙夜，以永終譽。」君子未有不如此，而蚤有譽於天下者也。

（三）30:0 　　仲尼祖述堯、舜，憲章文、武，上律天時，下襲水土：辟如天地之無不持載，無不覆幬；辟如四時之錯行；如日月之代明，萬物並育而不相害，道並行而不相悖；小德川流大德敦化。此天地之所以為大也。

㊂ 31:0　　唯天下至聖，爲能聰明睿知，足以有臨也；寬裕溫柔，足以有容也；發强剛毅，足以有執也；齊莊中正，足以有敬也；文理密察，足以有別也。

溥博淵泉，而時出之。溥博如天，淵泉如淵。見而民莫不敬，行而民莫不信，行而民莫不說。

以是聲名洋溢乎中國，施及蠻貊。舟車所至，人力所通，天之所覆，地之所載，日月所照，霜露所隊，凡有血氣者，莫不尊親。故曰配天。

㊂ 32:0　　唯天下之至誠，爲能經綸天下之大經，立天下之大本，知天地之化育。夫焉有所倚？肫肫其仁，淵淵其淵，浩浩其天。苟不固聰明聖知達天德者，其孰能知之！

㊂ 33:1　　詩曰：「衣錦尚絅」，惡其文之著也。故君子之道，闇然而日章；小人之道，的然而日亡。君子之道，淡而不厭，簡而文，溫而理，知遠之近，知風之自，知微之顯。可與入德矣。

詩曰：「潛雖伏矣，亦孔之昭。」故君子內省不疚，無惡於志。君子之所不可及者，其唯人之所不見乎！

33:2　　詩云：「相在爾室，尚不愧於屋漏。」故君子不動而敬，不言而信。

33:3　　詩曰：「奏假無言，時靡有爭。」是故君子不賞而民勸，不怒而民威於鈇鉞。

詩云：「不顯惟德，百辟其刑之！」是故君子篤恭而天下平。

詩曰：「予懷明德，不大聲以色。」子曰：「聲色之於以化民，末也。」詩曰：「德輶如毛。」毛猶有倫。「上天之載，無聲無臭。」至矣！

~全文完~

第二部

胸無點墨齋雜稿

論文

率性之道

一、前　引

　　率性之道是儒門心法；今略言之，並非要談心說性，徒作尋玄踏虛的空論；實因其爲吾中華文化的根本，統貫源流，是明體達用的精要。欲昌明吾文化大道，誠不可不一發其旨。

　　率性之道有永恆不變的價值，亦有「時中」日新的創造性。其根立於性善，其旨會於仁、中、誠，其綱統於倫理、民主、科學。義理分合，而道一貫。本之簡易而盡深廣，極於博大而道中庸。今略分疏之，以明吾文化大道之統會與價值，而顯吾中華民族所以具和平中正，恆久常新精神的大本。

二、大道之原——天命永恆

　　率性之性是人的生而自然的本質，也就是不慮而知，不學而能的良知良能。這人性是自然而必然的，所以說是天之所命。命即律定之意。天行有常，故天命之性是自然的，也是必然的。

　　所謂天，非彼蒼蒼者之謂，乃是無邊無止的空間和時間之宇宙總體。此宇宙總體是有物有則的。就其綱維作用的統一性上看，隱然若有主宰，固不妨稱之爲上帝、眞宰，或是智周萬用的有意志之天。此宇宙有物有則，自是一理體，故此總體亦可說是一最高的絕對理性。此爲西哲之所究，亦爲宋儒之所言，而孔子「天何言哉，四時行焉」，以及「窮理盡性以至於命」，皆發其義。而就天地萬物運化流行的諸作用和總事象言，此天就是一自然總體。此總體內諸自然事象和法則，就是人們所知覺經驗的對象。人的所以知覺經驗而認識這自然之天，乃顯現這自然之天的作用存在，已由「畏天命」之天，進而爲

「丘之禱也久矣」的人事自然（行爲得失的客觀規律）之天，和「天視自我民視」的心中之天；再演至「心外無物」、「心卽理」（陽明）和「心也者，萬事之本源也」（孫文學說）諸說。總之，在我們中華文化的系統中，所謂天，乃由有意志的天，進爲自然的天，而至於心中的天。所謂天命，也由宗教性的上天的命令，進至爲理性的必然秩序，落實而爲自然的律則，而爲人所秉受者由之以達其善的宗本。則「天命之謂性」，正是孔子承先啓後所心傳的推源求本之學。於此可略見天人相與之旨，心物合一之端。

率性爲道，而性本天命，故「道之大原出於天」，而立於宗極。天道永恆，萬世一如，故此天命之性乃凝爲自然而必然的本質，而不妄不移。則此率性之道自具永恆不變的眞實性和歷久彌新的價值性，而無古是今非之異。這是發揚吾中華文化所必須首先認取的。

三、修道之教─仁之發揚

性旣是自然而必然的本質，率性就是循此自然而必然的本質，而順達於至善。是以「修道之謂教」卽是順乎自然之性以達於善的教化。故「修身以道，修道以仁」，正是孔子之教的重心。孔子之教以仁貫人倫萬德而爲道之宗要，就是順乎人性生而自然之善的發揚，也就是修明率性之道。故孝悌是爲仁之本，忠恕爲行仁之方，都是根於人性自然的良知良能的發用。人之性，生而自然愛其親，長而自然敬其長；順此孝悌之心而光大之，則天下無不和祥安寧；而此始於生而自然之孝悌，能保而充之，就自然進於廣大之善，所以是爲仁之本。仁原是性分內事，故謂「子欲仁，斯仁至矣」；又是最高的善，故以顏回之賢，也僅「其心三月不違仁」，而孔子也罕以仁許人。此所以「親親而仁民」是實踐的初階，也是理想的境界。是以率性之善，須益之以修道，才能達成至善。

忠是盡己之心來做人做事，如此必然信實無僞，故孔子每以忠信並稱。盡心卽盡其良心，也就是致其良知，所以忠於人、忠於事、忠

於國家民族，乃良知之所當然，背此則為昧良。恕是推己之心以及於人、事、物，「己所不欲，勿施於人」，「己立立人，己達達人」，正是循諸人己自然而然的性情欲望，而得乎平正妥當的行為，故孔子讚之為：「可以終身行之」。此忠與恕都不是強加於人的外襲作用，乃是循諸人性自然的良知良能的自覺與發揮，正是仁的實踐，故為行仁之方。

　　由孝悌忠恕之行所自然衍生的禮義廉恥等諸德目，與夫達成諸德的智勇，統是「由仁」之道的流行，行仁之道的輪翼。大德敦化，小德川流，無不是人性之善的發用。故孔子一貫之道，就是順乎人性自然的教化，也就是率性之道的修明。孟子以仁義禮智為吾所固有，正是孔子道傳的根本深義之發揚，惜為後儒所未深明。韓愈曾慨嘆說：「軻之死，不得其傳。」實在早有所見。

四、吾道功德——恒久而日新

　　此一貫於仁之道，因其是順乎人人天性自然之善的發揚，故毋需矯揉造作而易知易從；易知易從，故可久可大，恒有其確當性和功效性。如果太陽不會從西方上升，如果人不會變成生來像個頑石，此本於人性之道的真理，是決不因古今之遷而變異的。其相關義旨已於上節述之，這是復興吾文化大道最須講明的根本所在。

　　而此率性之道，本身同涵有日新其德的要求。因為行仁而親親而仁民而愛物，自然有求其所以得達至善的適當之施為，此即中之權。權其中，自然須求因應時境之變動，以得其所以中，此即時之效。時中乃行仁之當然要求，故孔子為「聖之時」。是以「殷因於夏禮」、「周監於二代」，而孔子「從周」。此時中之宜，乃行仁之所當求，而為率性之道自然而具的內涵。其日新之德，正是生生之仁本身流行的功能，而其為「天行健，君子以自強不息」的創進性，這也是發揚吾文化大道所必須認取的要旨。

五、率性之性的深廣─涵蓋老莊

　　率性之性，不僅是孔孟之道之所本，也是老莊之道之所依。老子：「人法地，地法天，天法道，道法自然。」其道所法之「自然」，即萬有自然而然之性；法此自然之性，以有其「可以爲天下母」之道。故韓非解老謂其是「萬物之所然也，萬理之所稽也」。只不過其道雖法自然之性，却僅見自然中生死、盛衰、利害的消極一面，以爲「天地不仁」，因而主退、主柔、守雌、守辱，要「不欲」「不學」，「絕聖棄智」，而歸於清淨無爲，以絕患去累。這就與孔孟的積極精神適相背馳了。莊子近於老子，謂「道兼於天」，「無爲爲之之謂天」（天地）。其天即自然之義。所以其道也是法自然之性的。惟莊子不像老子那樣看重自然的消極一面，却等觀萬有的生死、成毀、是非，而「道通於一」（齊物）。故以爲道「無所不在」（知北遊）而「無爲無形」（大宗師）。因而其宗旨在「游心於淡，合氣於漠，順物自然」（應帝王），不拘大小之限以適其意（逍遙遊大旨），「不譴是非以與世俗處」，要「上與造物者遊，而下與外死生無終始者爲友」（天下）。所以莊子之道是旣超世而又在世的，只在適於自然，「無以人滅天，無以故滅命」（秋水），不像老子的用其消極，也沒有孔孟的積極作爲。

　　老莊雖也是原於性以有其道，但都是重於「自然的天」的物性，而忽於天之賦予人的人性，「知天而不知人」，所以不見人性中的仁，因而無仁民愛物的精神，故其道皆不能如孔孟之道的足爲天下法。但老子的反面看法，及莊子的「剗剝儒墨」，却使孔孟之道有愈磨愈利的相對作用。而後來漢代的一度尊黃老，魏晉的尚老莊，以至南北朝、唐代的盛行佛學，更使中華文化的內涵起消化融合作用，而產生宋明理學。其在學術文化的創進上，已同成爲中華民族光輝發越之另一面。而老莊佛學（佛之道也是本於性之道，如根於「法爾自然」的緣生因果，以至「本清淨性」「佛性常淨」等要義，與夫六祖所傳的

「自性能生萬法」「見性成佛」等義，皆出入於性。其義甚繁，於此不及引論。）之於儒學所加的補瀉和繩尺，益顯得中華文化中孔孟之道的中正久大性，以見眞理之所以爲眞理。同時並見此率性之性，誠乃衆妙之門，是「同歸而殊塗，一致而百慮」的根荄，而爲諸極究之學所不可不明的理諦所在。

六、人性本善

性旣是自然而然的本質，自兼物性而言，各正性命，等而觀之，此性則應是無善無惡的。人打虎除患如爲善，虎吃人果腹何以不善？水火之功，能毀物也能成物，而水火本身復何善惡之可言？「金錢萬惡」，金錢也能興業救苦，也能使人勤奮創造，而金錢本身並無善惡之可言。平觀萬物，比如看花看草，都是「天地生意，花草一般，何曾有善惡之分？」（王陽明）

至就人之率性言，乃是循乎生而固有的仁之發揚，故人性本善。此從前節所述孔子順乎人性自然的敎化，與夫孟子性善之義，卽可推明。

荀子雖自託於儒家，但推究起來，却正與孔子之道根本相背。如果率荀子所言性之惡，必然爲不仁不義之行。故荀子的反於率性，乃爲宋儒所力斥，已無待費詞。「民之秉彝，好是懿德」，何以人皆有其好善之心？今只須返躬以問，人人立可證明荀子之言的根本錯誤。

所以說人性本善，實無可諍。而人性的所以爲善而非惡，求其精諦：

其本乃在生生不已的仁；

其理乃在無過不及的中；

其行乃在不欺不妄的誠。

七、善的根本—生生不已的仁

萬物之所以貸始而承續不替，端由於生生不已之仁。這就是善。

故可謂「元者，善之長也」，「繼之者善也，成之者性也」，而天地之大亦惟以生命爲貴。人性之所以爲善，其本也就在此生生不已之仁。「君子體仁足以長人」，卽此生生之善的發用。所以殘生害命，謂之不仁。凡諸不仁之事，莫不皆歸於惡。惡之所在，未有不中絕崩毀者。是以積善有餘慶，積不善有餘殃。因而可肯定其價值爲「天地之大德曰生」。如果不有此生生不已之機，必然天地毀、萬物絕、生命斷、人倫亡，這豈不是大惡！是故人性的所以爲善而非惡，推源極本，義卽在此。

孔子之道一貫於仁，由忠恕而行，自然是人性善之所發。孔子言「性相近」；「惟其善，是以相近」（劉氏正義引李光地解）；「故曰人皆可以爲堯舜」。則孔子不言性善而善已在其中，與孟子人性四端義，不能不說是相同的。

「喜怒哀樂愛惡欲謂之七情」，「七情順其自然流行，皆是良知之用」（王陽明）。所以知、情、欲都是人性本然的良知良能，性既是善，知、情、欲也都應當是善的。故孟子謂：「乃若（順）其情，則可以爲善矣；乃所謂善也。若夫爲不善，非才（本質）之罪也。」

後儒有以爲性善而情惡的，實非孔孟所傳。「其所謂滅情以復性者，乃雜乎佛老而言之，則亦異於曾子、子思、孟子之所傳矣」。（朱子序石礈中庸集解）是以陽明也說「七情順其自然流行，皆是良知之用，不可分別善惡」。又有以爲滅人欲而見天理的說法，更不是孔孟之言。孔子「七十而從心所欲」，何曾滅欲？「憲問：『克伐怨欲不行』，苦心絜身之士，孔子所不取。」（焦循論語補疏）子曰：「吾欲仁」，又曰：「欲仁而得仁」，又豈可滅欲？而「君子之道造端乎夫婦」，亦卽率性之事。要大家都可吃飽穿暖，生活安樂，「使民養生送死無憾，王道之始也」，更是孟子所力倡。故可說「天理卽在人欲之中，無人欲則天理無從發現。食色以滋生，天地之化也」（王船山）。因爲「人生而後有欲、有情、有知、三者血氣心知之自然也

84

」（戴東原）。是以「道德之盛，使人之欲無不遂，人之情無不達，斯已矣」（程發軔概述戴東原）。再看歷史上的進步，種種發明、創造、建設之文明成果，那一樣不是人之欲求得來的？如果滅欲、無欲，不僅世界文明是不可能，只怕甘處於茹毛飲血之境也不可能，因為人道生生也早已斷絕了，那還有什麼善之可存？故孟子直截了當的回答「何謂善？」曰：「可欲之謂善！」

生生所以有善；人性之所以為善，即本於此生生不已之仁。

八、善的原理──無過不及的中

如此，人性中的知、情、欲既皆是善，那末世上的惡從何而來？這個問題似乎極為複雜，其實在孔子之道中早有表明。因為人性之所以為善，其根本是由於生生不已之仁，故謂「苟志於仁矣，無惡也」。則從仁就是善，背仁就成惡了。

行仁由於忠恕，忠即盡己之心以對人、事、物，恕即推己之心以及人、事、物，這就必與社會發生種種關係，而其間也就自然發生種種輕重、短長、違順、得失等作用，那就自然產生其適於公私要求的法則，以調和彼此間的平衡，乃得各適所安，共進於善。由此而產生的法則，就是人倫、法制的禮。如無此禮，將「恭而無禮則勞，慎而無禮則葸，勇而無禮則亂，直而無禮則絞」，就難以臻於完善之境。故孔子謂「仁能守之，動之不以禮，未善也」，而「克己復禮為仁」，則禮乃所以完成仁，而為仁的節度。是以「人而不仁，如禮何！」也就失去了禮的根本價值。所以禮是「因人之情而為之節文」（禮記坊記）的，因而「禮之用」亦唯以「和為貴」。「和」就是「發而中節」，「中節」就是行為的恰到好處，與彼此之間的皆得妥適，這就是「中和」。「致中和，天地位焉，萬物育焉」，乃達到仁的最高境界；是故忠恕以行仁，須以禮節文人之性情而得中和，乃臻於完善。因此說，「禮，所以制中也」（禮記仲尼燕居）。是則中或不中，就是所以成為善或所以成為不善的定準。

中是所以成為善的原理；不中或失中，也就是惡所從生的原理。程子謂：「善惡皆天理；謂之惡者非本惡，但於本性上過與不及之間耳。」王陽明謂：「至善者心之本體；本體上才過當些子，便是惡了。」（傳習錄下），正是發明此理。

此理好比人的自由；人皆欲自由，而自由必須以不妨礙侵犯他人的自由為節度，乃可人人皆得適當的自由。又如人皆需飲食，而食之必須適量，不可暴飲強食；得之必當以道，不可盜取橫奪；否則必病生而害起。又如男女偕合本於自然，而必須兩情相得，不能強為；其社會婚制，則須依人口趨勢而定，始可無怨曠之患；否則將情悖而亂生。此等事理，隨舉皆得；如合其共適的中，則成其善；如失其共適的中，必將產生諸惡。此即由於人性自然而具成的法則，是統人己內外而有的當然而應然的，無過不及的治適之定準，這就是中。

合於中始成為完滿之善；人性之所以善，其理即在此無過不及的中。

九、善的達成——不欺不妄的誠

發揚人性之仁即明其明德，以之待人接物乃親親、仁民而愛物，而必須踐於「所以制中」的禮，乃得人己事物咸得其宜，進而止於至善。但其所以行之，則必由於誠。

誠是「如惡惡臭，如好好色」那樣的不自欺，真實無妄，沒有絲毫的歪曲虛偽，不因忿懥、恐懼、好樂、憂患而昧其良知；平居則「慎獨」，臨事則「主敬」，以盡其天性之真，以踐其當然之善。

踐其當然之善，就是得乎中，亦即「擇善而固執之」。

由於「自明誠，謂之教」，乃「誠之者，人之道也」，這就是盡其天性之真；盡其天性之真，就是行乎仁，亦即「能盡其性，則能盡人之性」。

而由於「自誠明，謂之性」，乃「誠者，天之道也」。這是純粹的誠，是即中即仁的境界。

「自誠明」或「自明誠」，皆可「誠則明矣，明則誠矣」，而達到「誠者不勉而中，不思而得，從容中道」的聖人之境；如是乃由明明德而止於至善矣。

這就是率性之道，其所以行之必由於誠之故。如不誠，則偽曲生，良知昧，色取仁而行違，執一而賊道，爲道而遠人。那就必致事物失其眞，人倫失其常，世上必至充滿荒謬、虛偽、混亂、而無一可信之事。果如此，則社會失其倫序，無人可以安生，人類豈不就要歸於淪亡？是之謂「不誠無物」！

因此，率性之道的所以善，必由於此不欺不妄的誠以行之，乃能盡其性。

十、率性與倫理、民主、科學

「唯天下至誠爲能盡其性；能盡其性，則能盡人之性；能盡人之性，則能盡物之性；能盡物之性，則可以贊天地之化育」；亦「唯天下至誠，爲能經綸天下之大經，立天下之大本，知天地之化育」。

盡人之性，即發揚其生生不已之仁，就是明其生而固有之明德，也就是致其良知、行其良能；由是而孝悌敬愛，行乎父子、兄弟以及夫婦之間，則倫理之德具。由是而忠恕之道，行乎朋友、君臣之際，則爲社會典範，政治制度之所由起，而民主之道生。

盡人之性則能盡物之性，就是盡其良知及於事事物物，也就是「格物致知」，以得事物正確之理。（拙著「淺釋大學『格物致知』」曾探討此義。見頁九三～九九） 總統蔣公解「率性」爲「順應天理」，謂探索自然之秘，克服天災地變，正是發揮天性之能，求得其合乎自然之物理。物理即天理。故順應天理與克服自然，實是一理（中庸要旨）。亦此「能盡人之性，則能盡物之性」的進一步解釋。這是產生今日科學的因由；則盡人之性以盡物之性，就是科學知識之所以得也。

倫理爲民族主義的本質，民主爲民權主義的本質，科學爲民生主

義的本質，故三民主義就是率性之道，而爲　國父上承堯舜禹湯文武周公孔孟之道所發之仁，所明之中，所盡之誠。

十一、仁、中、誠的相因與三民主義的相成

　　總統　蔣公於去年　國父誕辰指示說：「中華文化的精髓，就是以倫理、民主、科學爲內涵的三民主義。因爲倫理所以盡己之性，其本在於仁；民主所以盡人之性，其道在於義；而科學所以盡物之性，其效在於智。」即率性之道的總的義要。盡性之本在仁，已如上文所明。盡性之道在義，「義的重點，在於能中」（陳大齊「與青年朋友談孔孟思想」）（韓愈「行而宜之之謂義」意亦近之）。則「在義」亦即「在中」。盡性之效在智，智爲誠明之所得，「誠則明，明則誠」，則智亦即誠之果。

　　再進一步言之：行仁之心，自必求天下人、事、物能得最適當之方，此即中；得中，則「立於禮」而爲倫理，「道在義」而爲民主。行仁之心，亦必出以真摯無僞，此即誠；故不誠而「巧言令色，鮮矣仁」；「格物致知」之誠，爲「明明德」之仁所基；而昌明科學以使民生均足，亦即仁愛之實行。所以行仁自然求其中，自然由於誠。

　　權中之準，必「依於仁」，故雖智、唯大於知仁，雖勇、唯貴於行仁；而「不仁者不可以久處約，不可以長處樂」，鮮得事物之正；亦「唯仁人爲能愛人，能惡人」而自得其當。得正得當乃得中。得中亦必由於誠以明之，是以「意誠而後心正」，「靜、定、安、慮而後能得」；故「不誠無物」，而天下正確之事理、適當之作爲，也莫不由於誠心的推明。所以，得中必依於仁，必由於誠。

　　精誠之人，自然良知在心，天機純潔，孝悌忠恕不勉而行；也自然求施爲之當宜、事物之正則，以達諸善。故至誠者能盡人性，能盡物性，以成己成物。所以行誠自能爲仁，自可得中。

　　是故仁、中、誠三者相因以相益，而倫理、民主、科學三者也自然相輔以相成。所以，三民主義之「民族主義乃民權主義、民生主義

的民族主義，民權主義乃民族主義、民生主義的民權主義，民生主義乃民族主義、民權主義的民生主義」，也是互相關連而完整。斯中華文化自本達用，道乃一貫，分合相從，普施咸當，正乃「經綸天下之大經，立天下之大本」的大道，「肫肫其仁，淵淵其淵，浩浩其天」，其「至誠無息，不息則久，久則徵，徵則悠遠」，自必「能實行於全國，宏揚於世界，千年萬世，永垂無疆之休」。

十二、結　語

是故率性之道，「致廣大而盡精微，極高明而道中庸」。以其「原出於天」，故「建諸天地而不悖」，而立於宗極。以其本諸生生不已之仁，故明明德而止於至善，「百世以俟聖人而不惑」。以其理合大中至正，故禮義之當，「本諸身，徵諸庶民，考諸三王而不謬」，「放之四海而皆準」。以其行之以誠，故盡心、知性、知天，可「質諸鬼神而無疑」。（鬼神，可解爲幾微的相應，而爲感官所不及之微細的物理作用。）

總之，率性之道，涵蘊深廣而中正和平，「彌綸天地」而「曲成萬物」。此精深博太、悠久無疆、堂堂正正的文化大道，又豈是共匪的邪暴所能動撼分毫！轉看共匪的反人性，背天理，其「逆天必亡」，爲期不遠，卽其必然的結果。信知吾中華文化昌明之日，正青天白日的光芒之所射，立破污腥黑暗之時也。

（原刊教育部文化局主編之「中學教師論中華文化」專輯）

淺釋大學「格物致知」

一

　　大學一書，現在通行的是朱子的章句定本。在朱子之前，漢鄭玄注、唐孔穎達疏，皆依小戴禮記古本。至宋，司馬光首著大學廣義，亦依戴記。程明道始疑大學有錯簡，將文句移易，而伊川又從而再行移易，各成定本。但二程定本，並未分經別傳；到了朱子又三為移易，才分經別傳，且認為格物致知傳亡失，因「竊取程子之意以補之」。又著大學章句或問以答質疑，於是朱子的大學章句即成通行定本。黃幹說他：「先生於大學修改無虛日，誠意一章，未終前三日所更定。」可見朱子對大學用心之精勤。

　　朱子的大學章句，雖通行至今，歷來却有很多人加以指責。董槐首以為大學格致傳未亡，謂「知止而后」至「則近道矣」，接「此謂知本」，及「子曰聽訟」至「此謂知之至也」，正是釋「致知在格物」的，不俟他補。其後葉夢鼎、王柏、車若水、蔡清、黎立武並贊同董氏，各有著說。至王陽明則盡去紛歧，力言古本大學之善，並著大學問以明其宗旨。爾後從事更定論釋大學之文者，仍復不少，如崔銑、高攀龍、湛若水、許孚遠、來知德、顧憲成、劉宗周、吳肅公等，其言與董氏稍有出入，而從同於朱子的却不多。

　　蓋自司馬光著大學廣義通行，由程朱以下，歷明以迄清人，其所以於大學一書議論紛然，莫衷一是之故，幾皆由於格物致知一義的傳釋而起。（各家所著書或存或亡，就朱彝尊經義考所錄存各書序文中，可以得知。）在司馬光著大學廣義時，即特作一篇致知在格物論，可見格致一義，早就成一難題了。後來程朱陸王之歧，在文化學術史

上弄成懸案，也是爲此之故。而五四以來學者對科學與倫理之倚輕倚重，如推原「心法」，也與格致之歧相承。若延而伸之，比而推之，於西洋哲學知識論的經驗與理性之派分，實與格致問題相幾。而其在大學之道，則「自天下逆推本於格物，是格物乃其本始用功之要也。又自格物順循其效於天下，是格物乃其本始致效之原也。」「自誠正以至治平，固無非格致事也。」（湛若水聖學格物通序中語）是故這格致之義，所及廣大，而所根精微，誠不能不深求之。

二

致知格物之義究應何解？最初鄭玄注致知的「致」爲「致或爲至。」注致知的「知」爲「知謂知善惡吉凶之所始終也。」依此看，「致知」的意思，就是「能至於知善惡吉凶的所始終」。這樣的「知」，不能僅循諸耳目見聞，而必須是一種理性或智慧的判斷方可得之。所以鄭氏注格物謂：「格，來也。物猶事也。其知於善深，則來善物；其知於惡深，則來惡物。言事緣人所好來也。」如此說致知格物，幾乎就是良知、心地或智慧的作用了。是故，致知的「知」，徐氏訓爲「智」。後來陽明也從「致或爲至」之注，謂「致者，至也。」唯陽明雖從鄭注爲訓，他的致良知的「致」，有盡其良知、行其良知的意思，已比鄭注較具主動性、積極性。因此　總統蔣公復訓陽明致良知的「致」爲「力行」，意義益深。在先，朱子則解致知的「致」爲「推極」，如略去其餘，只此「推極」的意思，也就是「行至」「盡到」的意思。今如取以上各家之所同，將大學的「致其知」，解爲「盡到其理性的心智」，該是可以的。原文「欲誠其意者，先致其知。」就可換言爲：欲其意念之眞實無妄，先要盡到其理性的心智，無蔽於物，無曲於情，無欺於天，無詐於人；如是始能必誠其意。這樣解說，義亦可安。

格物，鄭注「格，來也。」這與他的致知之解，其意可兩相引合。但有等着事物來到的消極意味，與大學上文「欲」平治齊修正誠的「要求」，似未甚契。司馬光於格物，有「捍去外物之說」，（見許

孚遠大學述序）較合上文的積極精神，但依「物有本末，事有終始；知所先後，則近道矣。」之文，則於事物固須就而爲之，而不當「捍去」矣。原司馬氏之意，其所要捍去的「外物」，是指心中的「外染物欲」，而非所應臨接的事物；惟此義最易攔入禪家「無物」之意，將恐令人蹈虛守寂，外其家國事；故於大學修齊治平之道的精神，要亦未正契。王陽明據書經，以爲格物之「格者，正也；正其不正，以歸於正之謂也。」謂「正其不正者，去惡之謂；歸於正者，爲善之謂也。」去惡歸善，「然後物無不格，而吾良知之所知者，無有虧缺障蔽，而得以至其極矣。」「故曰物格而后知至。」這意思就是使事物得中正適當，才是心知達到最高明的境地。依大學原文，致知格物上循「知所先後，則近道矣。」下及「其所厚者薄，而其所薄者厚，未之有也。此謂知本。此謂知之至也。」正是以事物之能得中正適當，爲知之至境。所以陽明說古本大學妥善，改了反而不對；而其對格物致知的訓釋，也理通而義安。

　　朱子訓致知的「致」爲「推極」，與陽明依鄭注解爲「致者，至也」，原無大別，已如上言。其訓格物的「格」，謂「格，至也」，與鄭注的「格，來也」，意義上都是「到」的意思；但態度上「至」是「去到」，「來」是「到來」，恰好相反。其解致知的「知」爲「知識」的知，格物的「物」爲「天下萬物」，也和鄭氏不同。這與孔穎達的疏解有關。孔疏本順從鄭注，却不合鄭氏之心。孔疏說：「欲誠其意先致其知者，言欲精誠其己意，先須招致其所知之事。言初始必須學習，然後乃能有所知曉其成敗。故云先致其知。」說「致知在格物者，言若能學習招致所知，（格，來也）已有所知，則能在於來物，若知善深，則來善物，如惡深則來惡物。言善事隨人行善而來應之，惡事隨人行惡亦來應之。言善惡之來，緣人所好也。」他說的格物是「善惡緣人所好而來」，與鄭氏意同，這是理性或心地作用的效果。但說致知是「學習招致所知」，這是見聞知識的累積，與鄭氏「知善惡吉凶之所始終」的理性判斷，實爲異轍別徑。朱子說致知格物

是「推極吾之知識，窮至事物之理，欲其極處無不到」，正是孔疏致知的擴展。故朱子釋格物致知的全義爲：「所謂格物在致知者，言欲致吾之知，在即物而窮其理也。蓋人心之靈，莫不有知，而天下之物莫不有理；惟於理有未盡，故知有不盡也。是以大學始教，必使學者即凡天下之物，莫不因其已知之理而益窮之，以求至乎其極。至於用力之久，一旦豁然貫通焉，則衆物之表裏精粗無不到，而吾心之全體大用無不明矣。此謂格物。此謂知之至也。」這意思與現代科學目標可以相合，但未必就是科學態度或科學方法。（詳下文）至如以朱子之解求之大學文意，則可否相符呢？

<h2>三</h2>

大學之道，「在止於至善」。知此至善，處之而不遷不移，而後乃能定靜安慮得；而這所欲止處的至善非他，就是「爲人君，止於仁；爲人臣，止於敬；爲人子，止於孝；爲人父，止於慈；與國人交，止於信。」這「知」所當「止」之地，正是知之極處。所以大學所說的知，乃德性之知，而非知識之知。而其所謂「物有本末，事有終始」的事物，也就是本於明德，至於親民的誠正修齊治平之心身家國天下之事。是故此物格，而後此知至；此知至而後誠心正身修。故謂「自天子以至於庶人，壹是皆以修身爲本；其本亂而末治者否矣。其所厚者薄，而所薄者厚，未之有也。此謂知本。此謂知之至也。」則大學所說的知之爲德性之知，固昭然明甚。所以，朱子將大學的知，作爲「窮天下之物」的知識之知，實有不合。至於他說：「即凡天下之物，莫不因其已知之理而益窮之，以求至乎其極。」使「衆物之表裏精粗無不到。」這樣的知，就是直到現代的科學也沒辦到，更不是任何一人能辦得到的事。因爲如此，則其「知」之無「止」，又何能定靜安慮得？將其「知」之不「至」，又何得「而后意誠」？這就不是大學的本意了。中庸謂：「雖聖人亦有所不知焉。」而朱子却欲「使學者即凡天下之物」而窮之，「以求至乎其極」，這就不僅是以聖人責初學，而必令學者永不能「知至而后意誠」了。董槐諸人的難以

安於朱子格致的傳釋，的有深故。

董槐謂大學原文：「知止而后有定，定而后能靜，靜而后能安，安而后能慮，慮而后能得。物有本末，事有終始；知所先後，則近道矣。」接「此謂知本」接「子曰：聽訟吾猶人也，必也使無訟乎！無情者不得盡其辭，大畏民志。此謂知本。」再接「此謂知之至也」，即釋格物致知之傳文。黎立武謂：「格物即物有本末之物，致知即知所先後之知。」說所要格致的事物，「孰有出於身心家國天下之外者哉？」方孝儒又從而論之說：「舊說（指朱子說）以聽訟釋本末，律以前後之例不類；合爲一章而觀之，（指董氏更定文）與孟子堯舜之知不偏物之言，正相發明。其爲致知格物之傳何惑焉！」亦以爲朱子的傳釋不當，而認爲董氏重定的大學章句較妥。其後顧炎武也認爲董氏「其說可從」，則朱子格物致知的傳釋，確有不合者在。

抑且，原大學之道，其目的在求「止於至善」，其行踐「在親民」，而其根本乃「在明明德」。自格致誠正以至治平，皆明明德之效，明明德之要則在人之能修其身，而其端則在致知格物。致知格物，所以發其天所賦命的固有靈明德性；修身所以涵養行踐此明德。是故明明德於天下，則自然誠正，自達治平，人皆親親而仁民，乃進止於至善矣。所以來知德謂：「大學之道，修身盡之矣；修身之要，格物盡之矣。」蓋孔門大道，貫之在仁，而化天下在德；欲人人之親親而仁民，使天下歸於至善，首在明其明德。明明德必求始於致知格物，致知格物即所以明其明德，這是明白而確定的道理。是故在以上所論的致知格物的解說中，要以鄭玄、王陽明爲得當，而孔穎達、朱子則不免有失。

四

或以爲如大學所致的知，是德性、理性、良知的知，而不是見聞、經驗、知識的知；但天下要「倉廩實而知禮義，衣食足而知榮辱」，則又如何使百業興、民生足，而得國治天下平？而且要發展科學，更須窮物之理，得經驗知識的知，這又如何能求之於德性之知？其實

，大學之所敎，並沒有外乎民生財用。大學說：「生財有大道，生之者衆，食之者寡，爲之者疾，用之者舒，則財恒足矣。」這就是要使民足國富的一種經濟之道，那自然要有經驗的專門知識，只是必須「先愼乎德」。因爲「有德此有人，有人此有土，有土此有財，有財此有用。」所以說：「德本，財末。」如果「外本內末」，必至「民爭施奪」；卽使物資富足，反令「不仁者以身發財」，而「驕泰以失之」；卽使知識專深，反助「小人之使爲國家」，而「災害並至」矣。所以，欲國治天下平，並不是不講求經驗知識，以使財用恒足，而是必須以明德爲根本，作領導，「以義爲利」，才能達於至善。正如今日原子科學進展所得的高深知識，必須置於人類道德之下，是同一道理。英哲羅素說：「科學知識與技術，都是一種工具，一種力量，其本身是無善無惡的，運用起來可以爲善，可以爲惡；除非人類的智慧能與知識同時並進，否則知識的增加，也就是憂愁不安的增加。所以研究科學固然重要，研究如何運用科學爲人類謀幸福，而不爲人類招致災禍，尤其重要。」如將大學明明德爲本的道理，行之於今日世界，也正該有如羅素的見解。

而且，致知格物，是致其德性、理性的良知於事事物物，使事事物物皆得中正適當，其直接之效就是「毋自欺」的「誠其意」，不因「忿懥」「恐懼」「好惡」「憂患」所蔽曲而得「正其心」。這也就是中庸所特重的「誠則明，明則誠」的至誠之道。用現代的語詞說，就是極客觀的臨事之心。此心也就是孔子的「毋意、毋必、毋固、毋我」之心。用此最客觀之心，以求事物之所以確當，豈不就是科學的根本態度！而欲求科學知識的發明進展，也必須由此最客觀的態度，才是其最根本的正確方法。所以，德性之知正是知識之知的必不可少的基礎。這道理　總統蔣公早曾在綜合研究陽明「致良知」的理性之知，和　國父「知難」的科學知識之知一文中，透闢闡發，予以統一之，謂二者是相得益彰的。西哲康德以爲人之知自然界，「並不是自然加給理智以定律，而是理智給自然規定規律。」說知識是由人的先

96

天活力（卽理性作用，是推理所本的共相，和必要因素。）感覺了所經驗的具體事物（後天綜合）的判斷，名之曰「先天綜合」。這是「我們的理智，根據其天性之定律或固有的形式，組織所感覺的與件而成。」這也是從根本上統一德性、理性之知與經驗之知的說明。所以大學致知格物所欲明的明德，正是從事科學發明進展所必先講求的要旨。

五

致知格物，旣然是所以明明德，所以致誠意，也就是至誠之道。中庸謂：「唯天下之至誠，爲能盡其性；能盡其性，則能盡人之性；能盡人之性，則能盡物之性；能盡物之性，則可以贊天地之化育；可以贊天地之化育，則可以與天地參矣。」這已將大學的本於明明德以達止至善，根於格致以達治平的道理，統而擧之了，凡人倫之道的「盡人之性」以至利用厚生科學創造的「盡物之性」，與夫一人天、統心物、參化育的大道，皆由至誠之道一以貫之矣。所以，王陽明說：「大學之要，誠意而已矣；誠意之功，格物而已矣；誠意之極，止至善而已矣。」而格物、致知、誠意以至正心、修身、齊家、治平，其道理也就是盡己之性、盡人之性、盡物之性。蓋盡性卽明其天命之德性，起三綱、貫八目、仁民、利物，致中和、止至善，平正而萬物順，易簡而天下之理得，大道之行，信在是矣！

（原刊「孔孟月刊」第六卷第七期）

對孔子孟子荀子和　國父論人性的索解

　　讀「孔孟學會第100次研究會紀要」（見第十一卷第四期孔孟月刊）於孔德成先生主講「論儒家之禮」及各位學者先生所提意見之後，陳立夫先生加以結論並就所提之問大略解釋對人性善惡問題的看法，而以　國父之進化觀點做答。我因爲心有未釋，曾函立夫先生請教。今見第十一卷第六期孔孟月刊中也有好幾位先生論究人性，足見對此問題用心者之多。立夫先生於百忙中給我回信，所示比研究會中解答者更爲明切。茲節錄於此：

　　「性善惡問題，立意以孟荀立論觀點不同，惟從　國父之進化論可以答之。　國父分進化爲三個時期，一爲物質進化時期，二爲物種進化時期，三爲人類進化時期。（原文見後）。荀子之立場站在物種進化之時期，在此時期，人類初出，與禽獸無異，以生存競爭爲進化原則，強凌弱，衆暴寡，智奴愚，初無文化可言。而孟子之立場則站在人類進化之時期。在此時期，人性已漸長成，不受本能所支配，而能以理智支配本能，深知非互助無以圖存，故互助遂成爲人類進化之原則。明社會國家爲互助之體，道德仁義爲互助之用。由於孟荀所據之時期不同，故觀點自異。善惡之別，惟在人性與獸性之分。而實則孟荀咸遵夫子之道而潤色之……兩者對於性在先天方面所觀察者雖有不同，而重視後天之敎則一。如依孟子之性善論，則修養是順性的事，足以鼓勵人上進而不自餒，不致畏難而自棄；如依荀子之性惡論，則修養爲逆性的事，絕對不可中途沮喪，奮鬥不容稍懈，故各有利弊。惟依易理，相對之雙方，必同時存在，太過偏重一方面，有害無利。故

理固愈辯而愈明者，惟如性善惡之爭，必先明善與惡二者之定義，庶幾誰是誰非方有所本；否則，再歷時兩千年亦難得有定論。今依 國父之進化論，信能判別之矣。」

立夫先生依 國父進化觀點，說性的「善惡之別，惟在人性與獸性之分」，做為「必先明」的「善惡之定義」。我認為這是最簡要的論斷。基此義旨，即可知「人性」便是「善」的，而「獸性」始是「惡」的。則荀子之主張，還「站在物種進化之時期」，等於就是他的所見所論只在「獸性」，而不在「人性」；孟子始「站在人類進化之時期」來看「人性」而論「人性」。就此推斷來看孟子荀子之言人性，我認為孟子纔是真正的明於人性，而荀子則是昧於人性的。茲分釋之於後。

孔子對於人性，僅言「性相近，習相遠」。因而後儒多以為孔子既不主張人性善，也不絕對主張人性惡，而孟荀相對的主張則是各秉孔子的學說而來。這當然也是有據之言。但若推求孔子「一以貫之」之道，則是「夫子之道，忠恕而已矣」。由忠恕而行，就是孔子一貫之道。道就是「共生共存共進化的原理或大路」。而忠者盡己之心，恕者推己及人，皆在本其天性之善而行。如果人性不是善的，則「盡己之心」便成肆其惡，「推己及人」便成播其惡，更不能成「共生共存共進化的原理或大道」了。因此，推原孔子之道，根本基礎必是依據在人的天性之善而行的，所以子思祖述仲尼，纔說「率性之謂道」。則孔子的「性相近」，應是善性的相近，而不能是惡性的相近。清儒李光第謂：「惟其善，是以相近。」應是正解。

荀子所說「人之性惡」的理論是：「今人之性，生而有好利焉，順是，故爭奪生而辭讓亡焉。生而有疾惡焉，順是，故殘賊生而忠信亡焉。生而有耳目之欲，有好聲色焉，順是，故淫亂生而禮義文理亡焉。然則從人之性，順人之情，必出於爭奪，而合於犯分亂理而歸於暴。」（荀子性惡篇）荀子所說的「生而有好利」「有疾惡」「有好聲色」，是否人生來就如此，似乎還不必定。試看現代的社會已進步

而且**複雜**了，一般孩童都天眞純潔而只愛玩樂，並不如大人們的「好利」「疾惡」「好聲色」；則在古代農業的簡單社會裡，人們的「好利」「疾惡」「好聲色」的程度，更應該低於現代的人。所以「好利」「疾惡」「好聲色」的行爲，可以說是「習相遠」之事，並非必定就是「生而」然的。那麼荀子的指此卽是「今人之性」，似乎是把未然當做必然了。而且卽使「好利」「疾惡」「好聲色」就算是生而然的「人之性」，那也只是人性中「欲」的發展及少部分「情」的作用，而不能說就是整個的人性。因爲人至少還有知覺靈明的「知」和喜怒哀樂愛悅的「情」，都是生而自然而具的；而如孟子所言「人皆有之」的「惻隱之心，羞惡之心，是非之心，辭讓之心」的善之四端，實在也比「好利」「好聲色」等更較「生而自然」。（荀子正名篇：「生之所以然，謂之性。」「性者，天之就也。」皆「生而自然」之義。）所以荀子只以「欲」言性，實在是以偏概全，而遽斷爲「人之性惡」，**應該**是根本上還不能成立其說。況且人的「欲」也不必定就是「惡」的，孔子言「欲仁」，「欲而不貪」，「從心所欲」，以及今人所謂的「求知欲」「創造欲」等等，又豈必「欲」卽是「惡」？再說欲之大者「飲食男女」，有飲食，人始能生活，有男女始有「君子之道造端乎夫婦」，二者都是生命和生活所必由，也就是「天地之大德曰生」的一層面，本來就不能說是惡的。

由此看來，「欲」也不全是惡的。（拙文「率性之道」中曾研索此問題，以爲「欲」非惡而須節，不節則惡。刊於文化局編「中學教師論中華文化」書中。）而荀子專以「欲」概諸人性，又肯斷的說「人之性惡」，這的確是十分淺薄的論斷。

推原荀子的所以要說「人之性惡，其善者僞也」，用意是重在「有師法之化，禮義之道（導），然後出於辭讓，合於文理，而歸於治」。他是「疾人之爲惡而爲此言」。（見孔孟月刊十一卷一期陸鐵乘先生引謝塘荀子箋釋）這「疾人爲惡」不正是和孔子所讚的「惡不仁者」，和孟子所言的「羞惡之心，義也」相同嗎？荀子爲什麼不反躬

自省他的欲仁欲義之心不正是出自他的善性之所發呢？而偏偏說「凡禮義者，是生於聖人之偽，非故生於聖人之性也」呢？若「再問一句：聖人所以產生出禮義來……這種善行，不是聖人的本性嗎？」（見同上。引陳靑中國教育史）戴東原說：「荀子知禮義爲聖人之敎，而不知禮義亦出於性。」「荀子之重學也，無於內而取於外。……未有內無本受之氣，與外相得，而徒資焉者也。」（孟子字義疏證卷中）正是說着荀子的未能自省其錮蔽。

人的「疾惡」「欲善」，自然是出自人的善心善性之所發。孟子曰：「詩曰：『天生蒸民，有物有則；民之秉夷，好是懿德。』孔子曰：『爲此詩者，其知道乎！』故有物必有則，民之秉夷也，故好是懿德。」這是孟子同於孔子的見解。而荀子却偏要說：「人之欲善者，其性惡也。」黃百家駁斥說：「如果性惡，安有爲善之心乎？」（宋元學案卷一）荀子又說：「塗之人也，皆有可以知仁義法正之質，皆有可以能仁義法正之具，然則其可以爲禹明矣。」陳澧說：「塗之人可以爲禹，即孟子所謂人皆可以爲堯舜，但改堯舜爲禹耳。如此，則何必自立一說乎？」（東塾讀書記）但是荀子却要反過來說：「人之性惡，其善者偽也。」眞是彎曲顚倒的看法。無怪韓愈說：「余欲削荀子之不合者，附於聖人之籍。」王安石說：「得性者爲偽，則失其性者乃可以爲眞乎？此荀卿之所以爲不思也。」（王氏禮論）蘇軾說：「荀卿者，喜爲異說而不讓，敢爲高論而不顧者也。其言愚人之所驚，小人之所喜也。……歷詆天下之賢人，以自是其愚。」（蘇氏荀卿論）都是就荀子的言性而發的。

孟子則謂：「仁，人心也。義，人路也。」「理義之悅我心，猶芻豢之悅我口。」「仁義禮智，非由外鑠我也，我固有之也。」認爲「人性之善也，猶水之就下也」。其「由仁義行」，也就是「率性」而行，與「夫子之道，忠恕而已矣」，是同源之流，同本之榦。後世唐宋明儒直至　國父所繼承的道統，就是這個以人性善爲本的道統。

到此關於人性善的肯定，已不須多所推論，就可了然而明了。但肯

102

定了人性是善，並不就是世上便沒有惡的存在。惡的存在是一事實。那麼惡又從何而來呢？（拙文「率性之道」中曾探討其理，與以下所推論者角度稍異而不相違，玆且不瑣及。）荀子以為出自人性，已可自上文明其非。孔子說是由於「習相遠」。長善或積惡都是由於「習相遠」之故，「君子上達，小人下達」，「君子懷義，小人懷利」，正所謂「染黃則黃，染蒼則蒼」，皆由環境習染所致。所以孔子教人「里仁為美；擇不處仁，焉得智」？要親仁就賢，要遷善力學，要「行義以達其道」；對人性善的發揚光大，以至「人能弘道」，還須「好學」「有恒」來達成。這也就是「性宜率而不宜任」（四書道貫自序）的道理。

　　孟子說：「性無有不善，水無有不下。今夫水，搏而躍之，可使過顙，激而行之，可使在山。是豈水之性哉？其勢則然也。人之可使為不善，其性亦猶是也。」「若夫為不善，非才之罪也。」而「仁義禮智，非由外鑠我也，我固有之也，不思耳矣。故曰，求則得之，舍則失之；或相倍蓰而無算者，不能盡其才者也」。則惡的產生，一方面是由於環境的不良所致，一方面則是自己未能盡其才性。君子應當先求之於己，而不可「放其良心」，必須存養其善性，操持其良心，以求發揚光大。「故苟得其養，無物不長，苟失其養，無物不消。孔子曰：操則存，舍則亡，出入無時，莫知其鄉。唯心之謂與」！所以孟子教人「求其放心」（「仁、人心也」）「修其天爵」（「仁義忠信，樂善不倦，此天爵也」。）「存其心，養其性」，「反身而誠」「強恕而行」，以及「集義養氣」，都是對人性之善的省察、存養、充實、光大的工夫，因而則「乃若（順）其情，則可以為善矣；乃所謂善也」。這是孟子心承孔子之道，由「率性」而「修道」之方，也就是以教育操存工夫長養固有之善，充實光大，自然就「仁不可勝用也」。因此我從立夫先生依　國父進化觀點對孟荀論性的判別，解說荀子是昧於人性，孟子纔是真正的明於人性。至於　國父的救國救民之道，是上承先聖孔孟道統而來的，所以　國父對於人性也認為是善的

。　　國父在孫文學說中說：

「元始之時，太極動而生電子，電子凝而成元素，元素合而成物質，物質聚而成地球，此世界進化之第一時期也。……由生元之始生而至於成人，則為第二期之進化也。物種由微而顯……千百萬年，而人類乃成。人類初出之時，亦與禽獸無異，再經幾許萬年之進化，而始長成人性，而人類之進化，於是乎起源。此期之進化原則，則與物種之進化原則不同，物種以競爭為原則，人類則以互助為原則。社會國家者，互助之體也，道德仁義者，互助之用也。人類順此原則則昌，不順此原則則亡；此原則行之於人類當已數十萬年矣。」

由此看「人類初出之時，亦與禽獸無異，再經幾許萬年之進化，而始長成人性，而人類之進化，於是乎起源」。則人類的進化，乃由「長成人性」而始，「人性」已明明非「禽獸」之性。再看「人類以互助為原則」，「仁義道德者，互助之用也」，「此原則行之於人類當已數十萬年矣」。則可知　國父認為自有人類史以來，人性即具「道德仁義」之善，本「互助原則」而進化昌隆的。這和孔子由忠恕而行的一貫之道，與孟子居仁由義的率性而行，都是肯認人性是善的，而國父還要比孔孟推原得更為古遠，正是後聖前聖其道玄同。此道就是「共生共存共進化之道」。

這是從人類進化發展上看的，若從人的本身內在來看，　國父也認為人性是善的。　國父說：

「生元，取生物原始之意也。」生元「其為物也，精矣，微矣，神矣，妙矣，不可思議矣！」生元「乃有知覺靈明者也，乃有動作思為者也，乃有主意計劃者也。人身結構之精妙神奇者，生元為之也；人性之聰明知覺者，生元發之也；動植物狀態之奇奇怪怪不可思議者，生元之構造物也。」「孟子所謂良知良能者非他，即生元之知生元之能而已。」

「生元」具「良知良能」，就是人所生而固有的明德之性。則　國父

104

對人性善的肯認，實比孟子還要深固。 國父不僅以爲人性善只屬於學理問題，更要率性而行用到政治上來。他說：

「美國開國元勳華盛頓的財政部長叫做哈美爾頓，和國務部長叫做遮化臣……遮氏一派，相信民權是天賦到人類的，如果人民有很充分的民權，由人民自由使用，人民必有分寸，使用民權的時候，一定可以做許多好事，令國家的事業充分的進步。遮氏這種言論，是主張人性是善的一說。……至於哈美爾頓一派所主張的，恰恰和遮氏的主張相反。哈氏以爲人性不能完全都是善的，如果人人都有充分的民權，惡性的人便拿政權去做惡，……弄到結果，不是一國三公，變成暴民政治，就是把平等自由走到極端，成爲無政府……所以哈氏主張國家政權不能完全給予人民，要給予政府，國家的大權都集中於中央，普通人只能夠得到有限制的民權……最後主張限制民權的聯邦派勝利……由於這個原故，歐美革命，有了兩三百年，向來的標題，都是爭民權，所爭得結果，只得到男女選舉權。」（民權主義第四講）

國父認爲這是「民權的障碍」，因此創「權能區分」原理，彼此平衡，以施行「全民政治」，民權問題纔算是眞正的解決。 國父要施行的「全民政治」，正是當初美國遮化臣所主張人性是善的一派未達到的理想。由此可知 國父對人性善的推揚是如何的致力，以求達到「大道之行」。

研求人性，並不是拿來做爲尋虛談玄的材料。對人性的明辨，就是學術思想所以流東流西的本源。對人性的肯認，就是禮法政教尙左尙右的根據。因此，荀學貴「僞」，自然就禮尙矯制，而其徒韓非、李斯就用苛法嚴刑來爲政了；孔孟之學率性而行，所以是禮本仁義，貴在中和，而爲政以德，學重存養了。近代自由民主的政治和重自發、重啟導的教育，自然是原於人性善的道理而確立；而極權專制一類的作法，則多贊同人性惡的看法的。

再者，對人性善的肯認，人纔成爲「天地萬物之靈」，始有生命

的高貴意義；人類的倫理道德，也纔不是功利的交易，始得有無上根深的價值；而人性的尊嚴和光輝，天下的正義和和平，也纔是「仁者以天下爲己任」的，我們自己所要畢力去衞護，去勇赴的盡性之事。人性因爲就是生而固有的仁義之性，根深於中而上秉天命，永恒不滅而至堅至大，所以順之者昌，逆之者亡。而今共匪反逆人性的殘暴僞政權，實在是沒有理由不在人性所激發的偉大力量之前崩倒下去的。

孔子孟子和　國父對人性善的明辨、肯認、推揚和光大，實在都是對於古往今來全人類趨向光明，所貢的睿智燭照和偉大引導。使我對聖賢道統的崇仰和對人性善旨的思辨，也與日而俱加。作者不揣疏陋，就立夫先生對孟荀言性簡要的判別，而以己意作此索解推論，以請敎於先進，誠望此理能「愈辨而愈明」也。

（原刊「孔孟月刊」第十一卷第九期）

106

中庸「反古之道」解

中庸:「子曰:愚而好自用,賤而好自專,生乎今之世,反古之道:如此者,烖及其身者也。」文中「反古之道」之「反」字,鄭氏、朱子皆注爲「返」「復」義。朱子乃承鄭氏於此注「反,復也」。鄭氏注:「反古之道,謂曉一孔之人,不知今王之新政可從。」皆以「反古之道」解爲「囘復到古王之道」。

按中庸用「反」字凡三處,除此處外,一爲「小人反中庸」,一爲「反諸身不誠」。依句法看,「反古之道」同於「小人反中庸」,而不同於「反諸身不誠」。如從鄭氏、朱子註解,則「反古之道」承上句當加一「乎」字作「反乎古之道」,始於句意辭氣可安。

而鄭、朱此注尤其與中庸「仲尼祖述堯舜,憲章文武」之要旨,及「溫故而知新」「考諸三王而不繆」等處之意不能相合。故孔穎達禮記正義於疏解鄭氏此注,即轉語謂:「此謂尋常之人,不知大道。若賢人君子,雖生今時,能持古法。故儒行云:今人與居,古人與稽。是也。」適與鄭注意思相反。俞樾羣經平議,言鄭注「義殊可疑」。引大戴記「哀公問五義。孔子對曰:生乎今之世,志古之道,居今之俗,服古之服;舍此而爲非者,不亦鮮乎。」俞氏謂「卽此而言,足知鄭義之非矣。」

禮記經解:「以舊禮爲無所用而去之者,必有亂患。」實可爲中庸此節之正解。孟子直承中庸,其言曰:「不可法於後世者,不行先王之道也。」「遵先王之法而過者,未之有也。」(離婁上)則中庸「反古之道」之「反」字,實不能解爲「返」「復」義,但當解爲「違反」「背反」始合。

故如依鄭、朱之注解，則顯與中庸意旨相戾。因而乃有以為中庸此節「分明是法家責備儒家的話」而雜入者。（見徐復觀先生「中庸的地位問題」）雖不以「回復到古王之道」為合於中庸此處所指之意，然亦承鄭注之誤而未之辨歟？倘復據鄭注此誤而卽以為中庸之道行於「今天下」義唯重在「今」者，則亦毋乃雜以「法家」說乎？

蓋「愚而好自用，賤而好自專」者，以其愚淺陋見，不學無術，每易自以為是，偏喜標新立異，往往目空前代，自我作古，正乃「生乎今之世，反（背反）古之道」者；以先聖先王之道為一無可取，師心「自用」，剛愎「自專」，於理於事，獨自是其愚。「如此者」，其立身處世，鮮不「裁及其身者也」矣。故此處下文接謂「苟無其德」「苟無其位」以有其高明深厚之修養歷驗功業如聖王堯舜之德位者，應當「不敢（擅）作禮樂焉」。下續以「子曰：吾說夏禮，杞不足」徵也；吾學殷禮，有宋存焉；吾學周禮；今用之，吾從周。」此與論語：「子曰：殷因於夏禮，所損益可知也。周因於殷禮，所損益可知也。」（為政）「子曰：周監於二代，郁郁乎文哉！吾從周。」（八佾）意旨正同。皆明禮度之因革有自，不可一反（背反）前古，唯今是準；而當鑑古以明今，承先以啟後也。夫今之所以為今，原乃承古而來，凡諸興革設施，理應有取往聖先王行之而善者，衡諸今之時勢，損益得當，以定大針，始得甚利而無危殆，方乃適「時」得「中」而可「時措之宜」。如是乃能上「考三王而不繆」，下至「百世以俟聖人而不惑」，斯為中庸可久可大之道。

國父上承先聖道統以創三民主義救國救民之大道，其承先啟後之大義精旨，正可轉以明中庸「時中」之道。　國父言：「我們固有的東西，如果是好的當然是要保存，不好的才可放棄。」認為孔子修齊治平之道「是我們政治哲學的智識中固有的寶貝，是應該要保存的」。（民族主義六講）「吾國動言復古，而於數千年前固有之彈劾、考試二種良善制度，獨不能實力奉行，寧不可惜！」（採用五權分立制以救三權鼎立之弊）「中國之心性理想，無非古人所模鑄。欲圖進步

108

改良，亦須從遠祖之心性理想，究其源流，考其利弊，始知補偏救弊之方。」（孫文學說）所含意旨，皆可彰明中庸此章之義。誠乃前聖後聖「百世不惑」之見也。

　　原夫孔子在在仰讚堯舜，孟子言必稱堯舜，子思中庸傳孔子心法以授孟子，自以擇從古聖之道為所應宜，而視「違反」古聖之道為「裁」所階。近讀陳立夫先生「人理學研究」即曾數明此義。（如九一頁、一五二頁、三四三頁）試觀「五四」之「打倒孔家店」而啟馬列邪說泛濫中國之禍端，以及今之毛共「批孔揚秦」而益速其自亡之勢，與夫西方明燭深見之士多以為能挽救今後世界之危禍者，厥唯中國文化是揚，斯皆可參以證之者也。故以為中庸此章內所責「反古之道」一言，依文索義，當如上解。其然？其否？敬以請正於明達君子焉！

（原刊「孔孟月刊」第十三卷第四期）

我對「中庸」的幾點疑問 黃美序

　　爲了替大哥整理遺稿，我開始閱讀「中庸」。但就我所涉獵過的
十多種版本來說，對某些地方，歷來的註釋和語譯，都使我感到懷疑
。同時，我發現一種很有趣的現象：那就是那些我覺得不懂的地方，
大家的註釋都相當一致 —— 可是我仍是不懂。不知道那是因爲這些地
方的確很深奧，後來的註釋家找不到更好的話說，只好照抄前人的註
解；抑或是我自己太笨了，一直參悟不透。還有些地方，在未看註釋
前我好像懂了，但看了引經據典的解釋後反而有丈二金剛摸不到頭之
感。

　　我也曾向幾位學國文的朋友請教過，他們的解釋大體上多和我在
書本上看過的差不多。但當我提出我的疑問時，想不到好些也成爲他
們的疑問。於是他們要幫我去查。但到現在爲止，好些疑問仍是我的
疑問，因此想寫出來請教於高明的專家學者。爲了行文方便，我在提
出疑問之前，先抄錄有關章句的「中庸」原文。（ 分段、標點均依蔣
伯潛註釋之「中庸讀本」，香港啓明書局出版。 ）

一、文義不相連貫者

㈠、天命之謂性，率性之謂道，修道之謂教。道也者，不可
　　須臾離也；可離非道也。是故君子戒慎乎其所不睹，恐
　　懼乎其所不聞。莫見乎隱，莫顯乎微，故君子愼其獨也。
　　喜怒哀樂之未發，謂之中。發而皆中節，謂之和。中也
　　者，天下之大本也。和也者，天下之達道也。致中和，
　　天地位焉。萬物育焉。（ 頁一～三 ）

　　這是「中庸」的第一章，目的在界定「性」、「道」、「教」及

111

「中和」的基本意義，突然插入「是故君子……慎其獨也」一句，不論在文章之格局、意義、論述層次上說，都非常不順。我懷疑它是後人之評語、感想或註釋誤入本文之結果。

　　㈡、宗廟之禮，所以序昭穆也。序爵，所以別貴賤也。……
　　　　郊社之禮，所以事上帝也。宗廟之禮，所以祀乎其先也
　　　　。明乎郊社之禮，禘嘗之義，治國其如示諸掌乎！（頁
　　　　二○～二一）

　　這一節的主旨，很明顯的是在談「禮」的作用或功能；先說「宗廟之禮」，再談「郊社之禮」，層次清晰。所以在「郊社之禮」的一段中，沒有理由插進「宗廟之禮所以祀乎其先也」一句。我覺得它的存在有兩種可能：㈠和上例一樣，爲後人評、註之誤入本文；㈡原句顛倒了。也即是說這一句在總結「宗廟之禮」，應放在談「郊社之禮」的前面。

　　㈢、非天子，不議禮，不制度，不考文。今天下，車同軌，
　　　　書同文，行同倫。雖有其位，苟無其德，不敢作禮樂焉
　　　　；雖有其德，苟無其位，亦不敢作禮樂焉。（頁四○～
　　　　四一）

　　這一段中的「今天下，車同軌，書同文，行同倫」一句，破壞了上下文之連貫性。如果它不是後人評、註之混入本文，在次序上它應該放在這一整段之最後（或前面），自成一段才合理。很明顯的，「非天子，不議禮，不制度，不考文」一句，在說明「什麼人才有資格做這些事」，「雖有其位」以下各句，在補充說明「什麼樣的天子才可以這樣做」。「今天下……行同倫」一句在進一步說明「一個有德的天子也不一定要議禮、制度、考文」，要看當時有沒有這種需要而

定。換句話說，非但只有「有德」、「有位」者可以做這些事，並且要「因時制宜」才對。如果這個說法可以成立，「今天下」一句在行文上並不完整，它的前面似應有一句問句或引語。

（四）、故為政在人，取人以身，修身以道，修道以仁。仁者，
　　　人也；親親為大。義者，宜也；尊賢為大……（頁二三）

「中庸」在敍述層次上非常有條理，所以我覺得這裡的「義者，宜也」一句，來得太突然。「修道以仁」一句後可能有漏字或漏句，至少應增為「修道以仁、以義」，全段之結構才合「中庸」之句法慣例。如果將這一段和下錄一段加以比較，當更易明白：

　　　是故君子誠之為貴。誠者，非自成己而已也，所以成物也
　　　。成己，仁也；成物，知也；性之德也，合內外之道也，
　　　故時措之宜也。（頁三五）

二、字義、詞性有疑問者

（一）、仲尼曰：「君子中庸，小人反中庸。君子之中庸也，君
　　　子而時中；小人之（反）中庸也，小人而無忌憚也。」
　　　（頁四）

許多學者認為「中庸」即「中和」，意思可以說得通。但這一段緊接「中和」一段而來，如果「中庸」即「中和」，作者沒有改變用字之必要，應該直說「君子中和」即可。「中庸」即「中和」說法頗值懷疑。

最重要的是這一段不是在解釋「中庸」，而是在說明什麼是「君子」。同時，在本書中「中庸」並不是一個如「性」、「道」、「誠」一樣性質的名詞，否則，作者一定會說「中庸者××也」，或是「××謂之中，××謂之庸；中庸者，××也」。但事實上包含這兩個

字的句子都沒有對它做任何解釋，茲全錄如下：

> 「中庸其至矣乎！民鮮能久矣！」（頁五）
> 「……擇乎中庸而不能期月守也。」（頁七）
> 「回之為人也，擇乎中庸，得一善，則拳拳服膺而弗失之矣。
> 」（頁七）
> 「君子依乎中庸……」（頁九）
> 「大哉聖人之道……極高明而道中庸……」（頁三九）

從這些句子看，「中庸」二字可以是名詞或形容詞，而對這兩個字的各家解釋，不出鄭玄的：

> 「名曰中庸者，以其記中和之為用也。庸，用也。」

程頤的：

> 「不偏之謂中，不易之謂庸。中者，天下之正道也；庸者，天
> 下之定理。」

以及朱熹的：

> 「中者，不偏不倚，無過不及之名。庸，平常也。」

在這三個解釋中，我較不喜歡程、朱的說法。釋「庸」為「平常」非常切合「庸德之行，庸言之謹」中的「庸」字，不一定就是「中庸」一詞中的「庸」。他們兩人都是從「中庸」一書以外去求解釋，似不合讀「中庸」的基本原則。因這書的行文是自成系統的，非但對「性」、「道」、「誠」有明白的定義，其他如「仁」、「義」、「知」、「勇」等也先有定義，後加申述。因之，對「中庸」一詞的意義，

也應從本文內去尋取，而不宜外求。

　　鄭玄的說法似在解釋這個篇名，應可適用於上錄各句。不過他並不是說「中庸」即「中和」，而是「中和之為用也」。這個說法雖嫌太簡單了一點，似可接受。

　　從「君子中庸，小人反中庸」一段來看，似乎「中庸」即「時中」，「反中庸」即「無忌憚」。那麼，「中庸」兩字的正確意思應從「時中」兩字中去找。「時中」的難懂處在「中」而不在「時」。「時」可指「隨時」、「時常」和「適時」、「合時」兩種意思。「中」為「喜怒哀樂之未發」及「天下之大本」。而在這兩句說明中，後者指「中」的重要性及性質，屬於較抽象的層次；而前者才是具體的說明和界定。所以，如果能了解什麼是「喜怒哀樂之未發」，應可探得「中」的實質。

　　「中庸」一書，我認為整個在講做人的道理和教育的功能和目的；同時，這一切都必須從「性善」的根本出發。「中庸」的作者認為人是感情的動物；喜怒哀樂等情緒（不等於感情），則是感情的外現或表現，是建立人際關係的必要條件。從這個層次來看，「喜怒哀樂之未發」的「中」，並沒有「發而皆中節」重要。而事實上，人的喜怒哀樂非但不能不發，並且應該發出來——但必須「中節」，否則，便成為小人的「無忌憚」或「索隱行怪」了。這應該就是鄭玄所說的「中和之為用也」。

　　但怎樣才算「中節」呢？「節」無疑的指一種尺度或衡量的標準。根據「中庸」全書來看，這個標準因人、因時、因地而異，例如天子、在上位者、在下位者能做和應做的事都不一樣；處「貧賤」、「夷狄」、「患難」則又有不同。換句話說，這個「節」或尺度是活的，而難也就難在此處，所以必須另找一個共同的標準才行。「天命」的「性」、「率性」的「道」、「自誠明」的「誠」都是。但「性」和「道」以個人為主；「能盡人之性」及「能盡物之性」的「至誠」和待人、接物、知、行的關係較為直接，所以「中庸」對「誠」的說

明最多。

「誠」具有主觀及客觀的條件，能「成己」、「成物」，「合內外之道」、「故時措之宜也」；這個「時措之宜」似乎就是「時中」。如果這個說法可以成立的話，我們可以說「誠」、「時中」、「中庸」都是在說明「君子之道」，只是角度不同而已。所以「中庸」的「中」應指我人感情的「未發」與「中節」兩層意思，用通俗的話說應該就是「合情合理的行為或表現」。

不過，問題似乎還沒有完全解決，因為「喜怒哀樂之未發謂之中」的「中」與「發而皆中節」的「中」，在詞性上並不相同。而在中庸」這個詞（或詞組）裡的「中」，應該只有一種詞性——名詞（？）。我不知道在四書或同時代的文字中，有沒有將兩個不同詞性的字合併成一個詞性的。如果沒有，上述的推論（「中」為「合情合理的行為或表現」）將不能確立。

再從上面所錄的各句「中庸」來看，「中庸」一詞如解釋為名詞，在所有句子中都說得通。再根據鄭玄、程頤、朱熹的解說，「中」字是名詞，那麼，「中」應單指「喜怒哀樂之未發」較合理，但「未發之情」止於個人，不和別人發生關係，似無所謂小人或君子。如以「中」指「執其兩端，用其中於民」的「中」，意思可通。可是，這樣以第六章來說明第二章的名詞，似又不含「中庸」文字體例。（除非說現在的章節次序有誤。）

　㈡、子路問強。子曰：「……故君子和而不流，強哉矯；中
　　　立而不倚，強哉矯；國有道，不變塞焉，強哉矯；國無
　　　道，至死不變，強哉矯！」（頁八～九）

「強哉矯」三字的大意很明白，但一般將「矯」字解為「強貌」，而「強貌」應為形容詞或副詞，而「哉」無疑的是語助詞。那麼，這三個字的基本結構將有兩種可能：

116

(1)名詞（強）＋語助詞（哉）＋形容詞（矯）

(2)形容詞（強）＋語助詞（哉）＋副詞（矯）

也即是說這個「矯」（強貌）是用來說明「強」的。但是我覺得這兩種假定都有問題。最合理的結構應該是：

(3)形容詞（強）＋語助詞（哉）＋名詞或動名詞（矯）

也即是說「強哉矯」和「大哉聖人之道」的基本組成方式是一樣的。「孟子」中的「大哉言矣」、「善哉問也」、「大哉居乎」、「不仁哉梁惠王也」，或是「論語」中的「大哉問」、「賢哉回也」、「善哉問」、「直哉史魚」等等，都屬同樣的結構。依據文法家的研究，「哉」字在「大學」、「論語」、「中庸」、「孟子」中的用法有三：㈠在句末表示疑問；㈡用於句末表示驚歎或警歎；㈢用於句子中第一部分之末，後接主語部分。而上述各例句都屬這一類。① 從四書中所有這種結構的句子看，最後主語部分似都可講為名詞；只有「大哉問」、「善哉問」的「問」字可以是名詞或動詞。我特別提出這一點是因為根據我查過的辭書，「矯」字似只能做動詞或形容詞用。如果「善哉問」的「問」可視為動詞或名詞，「矯」字似亦無不可。

查「矯」字的基本意思為「正曲使直」，引伸為「匡正一切之弊惡」。似乎各辭書都如此解說。而「矯」為「強貌」的解釋，例句都引「中庸」的「強哉矯」一語。如我上述的假定成立，這個解釋應可推翻。更重要的一個爭論點是：「強哉矯」是在說「強」呢還是在說「矯」？那一個是主詞，那一個是形容詞？

我請教過的國文系朋友中，大多數堅持「強」是主語，「矯」是用以說明「強」的。不錯，在「子路問強」這一般文字中，「強」字在「南方之強」、「北方之強」、「強者居之」等語中，顯然是名詞

。但我以爲句法、語意到了「故君子和而不流」時，已經起了變化。「強哉矯」已不是在說強的本身，而是在讚佩君子的能夠「和而不流」、「中立而不倚」、「至死不變」的精神，這種精神也可以說就是知、仁、勇中的勇。〔「中庸」在「好學近乎知，力行近乎仁、知恥近乎勇」後，對於知與仁（行）有很多補充說明，但似未再提到勇，這一段論「強」的文字，應是很恰當的對勇的說明——當然，這樣解在章節的次序上說這一段似出現得早了一些。〕即是說「強」字在此已變爲形容詞，和上面的用法不同了。同一字在同一段文字中做兩種用法，「中庸」中有很明顯的例子，如上文所引的「喜怒哀樂之未發」一段裡的兩個「中」字的用法即是。那麼，「強哉矯」應可用上述(3)的結構解釋，意思爲：「君子的這種不變的中正精神，是多麼強呀！」

　　㈢、君子之道，費而隱。夫婦之愚，可以與知焉；及其至也，雖聖人亦有所不知焉。夫婦之不肖，可以能行焉；及其至也，雖聖人亦有所不能焉。天地之大也，人猶有所憾。故君子語大，天下莫能載焉；語小，天下莫能破焉。……（頁一一）

　　這裡「天地之大也，人猶有所憾」中的「憾」字，一般解釋爲「怨恨」、「怨尤」一類意思，[2] 指人對天災的抱怨。我覺得與上下文完全脫節。這一章除這一句外，全在講君子之道的大與小：小的地方愚夫愚婦即可做到；但大時可「察乎天地」，與天地一樣大，那時候即使是聖人也不能完全做到。怎麼會突然怨恨起天地來呢？同時，「中庸」所說的君子要「上不怨天，下不尤人」（頁一四）。

　　根據「中文大辭典」所列，「憾」可通「感」。（「辭海」、「辭源」都只有「感」通「憾」的說法。）如果我們將這句的「憾」字改爲「感」，全句可語譯成：

天地雖然那麼廣大，人還是可以感知的。

我認為這句話的本意是在用我們實際經驗中的常識或意念——天地之大——來比喻抽象的「道」的偉大，並用以說明上文所論的道雖可大得聖人也不能全做到，但一般人仍可「知」、可「行」，正如誰都可以看到和感知天地的存在一樣。亦即是第二十六章中所說的一撮土是地，整個山川華嶽也是地。

　㈣、子曰：「鬼神之為德，其盛矣乎！視之而弗見，聽之而弗聞，體物而不可遺。使天下之人，齊明盛服，以承祭祀，洋洋乎如在其上，如在其左右。詩曰：『神之格思，不可度思，矧可射思！』夫微之顯，誠之不可揜如此夫！」（頁一六）

　這一段中的引詩，對其中某幾個字的註釋，多採用下述的說法：「格」，來也；「思」，語助詞；「度」，揣測；「矧」，況也；「射」，厭也，言其厭怠而不敬也。③ 整個引詩的意思為：「鬼神的降靈，是不能預測的，又何況厭怠不敬呢！」④我覺得「何況」兩字很難懂，並且和上文缺乏關連性。或許在「大雅抑之篇」中可以這樣講，但「中庸」引詩，不一定採用原義，只是用它做某種比喻，所以必須依上下文加以解釋才對。

　葉深認為朱熹釋「格」為「來」，「意似有未通，不若釋『存在』，意義較為明瞭。」「矧」釋「何況」也不好，在這裡應釋為「怎」。「射」，「原釋射箭之射，有攻擊意。廣義而言，應釋作不尊敬，不信賴。」並將全段大意語釋為：

　　「神明的存在，是不可思擬的，但怎可以因為祂過於奧秘而不尊敬和不信賴祂呢？」⑤

這樣講引詩的本身是易懂多了。但似乎還沒有完全解決我的疑問。同時，釋「格」爲「存在」，不知有無根據。我以爲這一章從首句到引詩止，就字面的意思來說，只是在讚美「鬼神之爲德」的盛大和無所不在，且使天下人人敬奉。所以引詩時似無必要來個「何況」，「怎可」。根據「辭海」的注釋，「格」，可解爲「法式」、「量度」；「矧」，可解爲「亦」；「射」，可解爲「猜度」。如果這些解釋可用，將「量度」引伸爲「力量」，用「宗教」二字取代「神」字，這三句詩似可譯成：

> 宗教的力量，
>
> 無法衡量，
>
> 也無法猜度。

還有，我覺得這一章的眞正目的在論「誠」的力量，也可以說是另一章的結論「故至誠如神」的進一步說明。因此，本章最後一句的「誠之不可揜如此乎」中的「誠」，就是「至誠」，是全章的主旨，以上談鬼神各句，都是借以比喻「誠」的力量的：看不見却無所不在，更無法掩蓋。⑥不知妥否？

(五)、(1)君子之道，丘未能一焉。（頁一三）

(2)父母之喪，無貴賤一也。（頁一九）

(3)知，仁，勇三者，天下之達德也。所以行之者一也。（頁二四）

(4)或生而知之，或……及其知之一也。或安而行之，或……及其成功一也。（頁二五）

(5)凡爲天下國家有九經，所以行之者一也。（頁二八）

(6)天地之道，可一言而盡也：「其爲物不貳，則生物不測。」（頁三六）

以上句(3)中「所以行之者一也」的「一」字，據考證有的本子文中沒有，有人認為有，並應做「誠」字講。句(5)中「一也」的「一」，也是「誠」的意思。甚至有認為句(6)中的「不貳」就是「一」，也即是「誠」。⑦我覺得有點太鑽牛角尖了。這些句子中「一」的用法都很接近，用「一」的本義來說都可以講得很通，為什麼一定把它們弄得那麼麻煩呢？句(3)沒有「一」字，也可說得通，更可做為有力的證明。句(6)的「不貳」似更沒有理由強解為誠。這裡談的是「天地」之「為物」、「生物」，「誠」應對「人」而言。我認為這裡的「不貳」是指天和地二者，在「為物」的功能上是一致的。即下文所說的天上的日月，地上的水土，相互配合，萬物才能生育成長的道理。

(六)、王天下有三重焉，其寡過矣乎！上焉者，雖善無徵；無徵，不信；不信，民弗從。下焉者，雖善不尊；不尊，不信；不信，民弗從。故君子之道，本諸身，徵諸遮民，考諸三王而不繆，建諸天地而不悖，質諸鬼神而無疑，百世以俟聖人而不惑。質諸鬼神而無疑，知天也。百世以俟聖人而不惑，知人也。（頁四一～四二）

這一段中的「三重」、「上焉者」、「下焉者」，似乎所有的本子都有註釋。⑧歸納一下，大致有以下幾種說法：

(一)、三重——有以為是「有德、有位、有時」；有以為是「三王之禮」；有以為指「撥亂升平、太平三世」；也有以為指「議禮、制度、考文」三者的。

(二)上焉者、下焉者——有以為分指古代與近代，如「夏商之禮」與當時；有主張上焉者指國王，下焉者指胥吏，或孔子一般在下的人。

這些學者們都有相當的理由，但似乎又有點像「執柯以伐柯，睨而視之」，有捨近求遠之嫌。這裡的「三重」（或「多重」），依「中庸」語法應指下文的「本諸身，徵諸遮民，考諸三王、建諸天地」等

，也即是說一個好的統治者必須先求自身的完善，以實際行動徵得人民的信賴，同時政令的實施要合於美好的傳統（以三王爲代表）、自然的環境（天地）、人民的信仰（以鬼神爲代表）、和未來的趨勢等等。

這些基本原則，在上的立法者（上焉者）和在下的執法者（下焉者）都必須遵守實行。「中庸」這段話是一個民主政府的施政方針，它說明了立法者、執行者和人民三者之間的應如何建立起良好的關係。即是說：立法者縱然（雖）制定好的法令和計劃，但如果沒有實行，沒有實際的建樹，便不能徵信於人民，得不到人民的信任。執行者如只是認眞地去執法，不尊重民意，也常會得不到人民的信任。因爲法律是死的，常須因時、因地、因事、因人做有限度的活用，人民才會儒服。

我認爲「中庸」在闡揚做人的道理，它的整個系統可分爲個人的與社會的兩個層次，以及知與行的兩個階段。所說的也可以說是常識，也是至理。就許多章節單獨來看，敍事層次非常明白；對於重要名詞，必先說明它的定義，然後再一步步加以發揮。但是，現行各本章節的分法及標點，雖然是大同小異，似乎章節間的連貫性很有問題，好像是一堆未加完全整理的筆記，所以我在整理大哥遺稿時曾試加整理。但由於我對國學雖不是十足的門外漢，也只是幼稚園的大班生而已，以上各點幼稚的疑問和意見，不是拋磚引玉，就算童言無忌吧，希望高明者賜教。

民六八元月於台北，（原刊「孔孟月刊」十七卷九期）

附註：

①參見 James Legge 之英譯「四書」 *The Four Books* （文星書局）字彙解釋之第一部分頁四五九及第二部分（「孟子」）頁五二八。原譯文部分理氏將「強哉矯」譯爲："How firm is he in his energy"，而在同處

之註解中則說：「矯 is 強貌，the appearance of being energetic.」（頁三九〇）。表面上接受「中庸」各家傳統譯釋。但我以為他在英文註解及後附之字彙解釋中的看法，較為合理。

又「古書難字釋例」（廣文書局，民六五、第三版）中將「大哉堯之為君也」中之「哉」字列為語末助詞，似無理氏說法明白。書中另將「陳錫哉周」的「哉」列為語中助詞。（頁六六）

②見林退菴，「四書補註備旨」（文政出版社，民五九），「中庸」頁四；葉深，「中庸新詮」（華明書局，民四一），頁四五；康有為，「中庸註」（台灣商務，民五七，二版），頁八；趙龍文，「中庸今釋」（中央警官學校，民四九），頁六五；羅璋，「中庸析義」（三民書局，民五九），頁五四～五八。又 James Legge 將這句譯為：

Great as heaven and earth are, men still find some things in them with which to be dissatisfied. (*The Four Books*, 頁三九二)

辜鴻銘將它譯為：

Great as the Universe is, man with the infinite moral nature in him is never satisfied. (*The Conduct of Life* 先知出版社，民六五，頁一九。)

③蔣伯潛註，頁一七；羅璋，頁七七；林退菴，頁七。

④見羅璋，頁八〇。趙龍文的譯文稍異：「神之來臨呀，不可以想像呀！何況可以怠慢不敬呀？」（頁九一）

⑤葉深，頁五七～五八。

⑥羅璋延用前人註釋，解「誠」為「真實無妄」，將此句譯為：「可見人之真實無妄的心，是這樣的不能掩藏的啊！」（頁八〇）。似也和原意稍有出入。「誠」不只是「真實無妄的心」。

⑦見蔣伯潛，頁二四～二五，二八～二九，三七；羅璋，頁一〇二～一〇三，一〇八，一三七。

⑧見註②所列各書有關「中庸」這一章的註釋。

美煌墨跡

詩稿

天命之謂性　率性之謂道　修道之謂教　中庸

127

國父頌詞

我 總統 蔣公 先知先覺 … 有關 …氏，
大道之行 古今一。

惟此……的仁愛，海港的胸襟，為同胞
奔走革命，沖開渤海，倒群英，搬挺倚閭……前
不回，推翻了滿清。

締造民族，建立民國，張之揆先規，……為
能，力謀正修齊治，人治平，……
定邦陵，又……北伐，國民之身，安關謀馬
……殷殷永念，任行音樂碑……能是，精勤距
……

天地精神，日月……，大智大仁大
天下……能……，……，……中華
國父魂魂……，……

中華民國五十四年五月十四日

蔣天……謹撰

人生何處不相逢
清世中無不愛名
獨往江湖何事業
自中不放自由身
……枝事相……
……觀……馬……

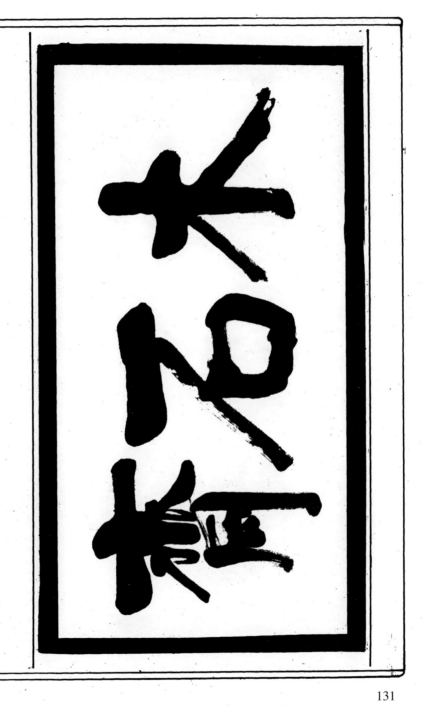

131

132

接港親友函　家嚴在匪徒煎迫之下已於上月逝世　念風木之深悲　望海天以遙泣　哀斯數行藉申罔極之痛

恨天難補父兮逝　無盡親恩報已遲
念父一生勤畎畝　艱辛備育力撐持
為求微利舒家計　嘗出扁舟遠海湄
夜過狂飆掀翻覆　奮衝惡浪拔重危
堅強氣魄肩能任　正直恢宏眾所儀
不識詩書具達德　雖非富有樂多施
常推緩急周閭族　每致鄉鄰載口碑
方欲興功隆梓里　詎遭奸徒劫鎡基
從茲歲歲祇憂苦　切意朝朝惟盼兒
但盼王師返旗鼓　復攜兒輩振門楣
老臨煎迫身頻損　日薄崦嵫志不移
遺命停棺抗霜露　安靈期子送山陵
嗚呼我痛何窮極　碧海蒼天莫止涯
思吾父兮不復見　蕭蕭風木獨凄其

中華民國六十三年十月十五日

黃美煌哀吟草

这些诗稿
　　有的写在练习本的残页上
　　有的古旧信笺的背後
　　还有的在大大小小
　　　　　　各色各样的纸片上
　　有的已经过润饰
　　　　　　有的完全未经雕琢
　　它可能不全合诗律．
　　但都是作者的心声

　　　　　…写序的记…

無題

思親萬里海天涯
雲水漫漫望故家
佇立西風班鬢亂
遲凝梅不學桑蔴

大夢忽曾四十春
虛拋歲月只留貧
當年意氣終空腹
往歲迍邅逐散塵
既欠方圓弘瘦骨
庸勞曲直範衰身
天涯囘首茫茫海
還怕平生一片蘋

無題

憶昔當年餘逝夢
而今萍泊浪天涯
抬頭猛見夕陽色
掩卷沉凝萬里家

甲辰中秋

抬望眼兮海外月
十餘秋矣懸他鄉
天斜牛斗遲遲夜
風颯颯兮吹短裳

〔民五三〕

多　　想　　　想

中秋望月　丙午

望團欒　碧天端　　　獨踽踽　夜漫漫

光景分明　　　　　　欲問何年

冰樣寒　　　　　　　臨漢闕

懸懸海外山　　　　　伴將千里還

（懸懸二字數易定仍未妥）　　　　　〔民五五〕

壬子除夕

久客他鄉又歲除
暮天玄默四山紆
晚歸唯引杜康語
獨對孤燈漫展書

〔民六一〕

無題

年年花落隨春去
風雨相催木老黃
午夜翻書思走筆
獨無紅袖能添香

139

幽景深山白布帆
相將學子遠攀巖
溪清欲洗秋光發
信步歸來日半衔

無題

往谷關途中

一

春滿谿山往谷關
霏霏細雨催將還
雲封百嶺天然秀
只許山人相伴閑

二

春風吹綠滿南山
細雨紛紛往谷關
最愛臨谿百嶺翠
今朝幾度霧漫漫

在毋忘在莒刻石前留影

訪金門誌感

巖巖太武古寧頭
正氣擎天動斗牛
海上干城鎮萬里
王師靜待復神州

一見金門意欲癡
湖上蘊秀景如詩
同登太武心無限
與子毋忘在莒時

太魯閣

幽谷奇峰別有天
蓬萊此處疑神仙
懸崖百里生開鑿
走道雲霄一綫連

環島一首

輕車環島探春幽
春滿峚山難盡搜
縱目天南窮鵝鼻
乘風海上小琉球
東西道貫千峰頂
上下乾坤一眼收
萬嶺擎頭白日近
斜暉隱隱是神州

小琉球海上口占

登船東海上　感慨欲長吟*　極目連天碧　迎風萬里心

*（另稿作「破浪欲長吟」）

早起東崗獨步

空林寂寂小崗東
曉露如珠映日紅
仄徑徘徊漫舉目
青山無語立晨風

大抱清和四季春
心香郁郁晚來醇
雅隨綠鬢邀明月
最可携將秉燭人

夜來香

一團和氣四時春
大雅心懷向晚新
最賞微風明月夜
携將綠鬢共遊人

月出天心暑氣消
高樓玉壁古琴鏗　　　　　偶會（欣賞古樂器晚會）
絃聲入夜柔如酒
聽起歸來風欲輕

喜怒分明一片假
居然哀樂撓人心；　　　　聽廣播劇偶感
莫非世界紛紛事
眞妄無端論古今？

率意柔如赤子眞
閎張天馬踄河律
龍驤虎步風雲合
瀟靜山寧海嶽春
自載清和塵不染
都凝妙善韻唯醇
鴻蒙氣象渾無限
手底千鈞直化神

觀右老書法

輓右老

一、詩　　　　　　　二、聯

暮雲萬里高山頭　　　天下一筆
天地蒼茫四野愁　　　漢家二臂
嶺上風搖鬢不動　　（時一時就。聯數改定）
牧羊人盼海西州

冬寒偶感

看似無晴若有晴
前山繞水冷雲橫
風飄衣角天涯路
獨羨煦煦獻曝生

大火燃在太清裏，
　無色無聲無臭，
一個無數！
　方圓曲直，
　上下今古？

　　　　什麼什麼呀！
　　　　　無耳無眼無鼻，
　　　　一株枯樹。
　　　　着火了！
　　　　　熊熊熾熾，
　　　　　碧翠純青。

　　　　　　　於是，光熱中
　　　　　　　浩浩的呻吟，伴來
　　　　　　　千年的微笑！

父親與大哥的夢 （代編後記）

我們家幾代都是田裡爬的：祖父是個目不識丁的農夫，父母也從來進過學校。父親後來雖然靠自修認識了一兩斗拳頭大的字，也曾被選為村長，但連自己的名字也寫不好。大哥和我很小就跟着父親在水田裡捕秧、除草、收割，到了冬天還拿着大鐵鎚把成塊的泥土敲碎，以便種麥子。我因此曾怨恨過炎夏的烈日和嚴冬的寒風，也曾偷偷地問過母親：父親為什麼不多請幾個大人來幫忙？母親說：我們沒有錢去雇人。我問為什麼沒有錢？母親無暇解釋清楚便又去忙家務事了。

為了錢，我曾暗暗地恨過父親一次。我病了，似病得不輕，在床上躺了很多天。有一天外祖父來看我，走時交給母親三個銀元，一邊說：「給小孩買點吃的。」我高興得不得了，病似乎也好了大半。過了兩天我可以吃東西了，可是却沒有看到什麼，便要父親去買。父親出去回來幾次，到了晚上我還是沒有看到新買的食物，便偷偷地溜下床去找錢，却發現抽屜裡只有幾個銅板，便去問母親，母親說那幾塊銀元父親拿去還債了，因為我生病向別人借了錢請醫生和買藥。我說那是外祖父特別給我買東西吃的，便哭着大吵。第二天，父親終於帶回來幾個水菓及一些糖果，才得到我的「原諒」。

直到我很大了有一次談到這件事時，我才知道外祖父那三塊錢不是全給我買吃的。他老人家只是又一次在借故資助我們家。為了同樣的理由，大哥很小就隨外祖父母住，表面上是解解他們兩老的寂寞，實際上是為了減輕我們家的負擔、以及使母親有較多的時間做家務和補貼家用的女紅。

在全村二十多戶居民中，大部分是和我們家差不多的農夫：既沒有錢，也不識字。和父親同年齡的一輩中，上過初級小學的還不到十人，好一點的人家也不過多幾畝自耕田而已，根本談不上富足，也沒

有人進過中學，或夢想過進中學，大哥是村中第一個上中學的，我是第二個幸運者。大哥能進中學，可以說是個奇蹟。

事情是這樣的：大哥高小畢業時，得到了全縣高級小學畢業會考的第一名。父親當然很高興。但是，他雖然鑑於自己不識字的痛苦，曾不顧親友的反對和勸告，讓大哥去上學，也只想叫他高小畢業為止。想不到小學的一位孫老師（忘其名），幾次來要求父親讓大哥升學。父親據實以告，說沒有錢，並且家裡種田正需要個幫手，而我還太小（大哥和我相差九歲多），所以實在無力讓大哥進中學。但是這位孫老師却說，只要父親同意大哥升學，一切費用全由他負責，必要時並可以借錢給父親家用。最後，孫老師的盛情終於打動了父親，但父親並沒有接受孫老師的資助，而是陸續典賣了僅有的幾畝祖田及唯一的一條耕牛，讓大哥唸完了中學。為了這件事，父親曾受到許多親朋和村人的嘲笑。在當時的社會中，買田地是光榮的事，但變賣祖產幾乎是一種大逆不道的有辱祖宗的行為。「萬般皆下品、唯有讀書高」的說法，是不適用於貧苦的農家的。

大哥中學畢業後曾三度報考軍校，都因病未竟。記得他在中學時曾用「鐵長」為號，意為「鋼鐵長刀，殺敵報國」。殺敵無緣，改入鄉、縣行政單位工作，又做了一段時間的小學教員，後轉入空軍地勤人員，至民國四十五年五月間因病退役。病愈後曾和友人在埔里山間開拓農場，但初創未久即遭八七大水災，除逃得性命外，藏書、筆記等全付洪流。嗣後想轉入教育事業，苦無證件，便至台灣師範大學選修學分，經檢定考試之漫長步驟，而轉任中學國文教員。其實當時有較易的途徑可走，但他認為要為人師表，就決不可以走捷徑。

大哥對人對事都有一份非常的執着，所以有時候頗顯得有點古板。但一生待人以誠，並樂於助人，尤其是對他的學生。在我整理他的遺物時，發現許多學生給他的信中，除感激他的教導外，有銘謝他在金錢或工作上的幫助的、有請教問題的、有訴說感情上的煩惱或初入世途的痛苦經驗的、甚至有請他代表出席家長會的。在他的遺囑中，

還特別指定將他的教師福利、保險、退休金等捐爲獎學金。

　　大哥年輕時讀書甚雜，甚至醫、卜、星相也加涉獵。但自三十八年初來台後，對佛學發生濃厚的興趣，並歸依印順法師，嘗住北投法雨寺閱讀「大藏經」年餘，後致力儒、佛、道思想的綜合研究，爲孔孟學會會員。記得八、九年前他對我說，他希望在六十歲時能開始著作。我問他爲什麼不馬上開始，他想了一下，在紙上寫了「讀萬卷書、胸無點墨」幾個字給我，接着要我找塊石頭替他刻好，以爲他的藏書印。

　　我繼續勸他早點開始寫，我說寫作是整理和考驗個人思想的最佳方法之一，於是他寫了一點，但已晚了。當他自知病危時給我的一封信中說：「我不怕死，但是我還不想死；我還有許多事要做。」他說的許多事，除著作外，就是要打回大陸去安葬父親的棺木及侍奉母親的殘年。

　　大哥對我的影響很大，但很多是間接的而不是直接的。原因很簡單：他比我早出生了九年多，早年又是和外祖同住，當我開始懂事時他已上學，並且又是住校，所以我們雖然只有兩兄弟，在一起的時間並不如一般兄弟那麼多。但因爲他讀書雜藏書也雜，使我在小、中學期間看書也很雜——他的藏書我差不多都翻過。我們在一起談得最多的是我在三十八年秋來台後，在新竹和他同住的一年多。在這段時間內，我們有很多有趣的經驗：例如有一次我外出回去時，見他在門上貼着「投石冲破水底天」幾個字，我看了有點奇怪，但一摸口袋，發現忘了帶鑰匙，便會心地一笑，推開窗子進屋了。

　　接着我上台北升學，畢業後又留在台北工作，我們見面的時間又少了。但每次相見總是談到深夜三、四點。大部分時間我們交換讀書的心得、見聞、及教學的經驗，偶而也談到在大陸的父母和他的妻子及一兒一女。他總因爲年青時在家太少，不能盡孝而感到內疚。在六十二年十月間得悉父親去世的消息時，更是傷心，尤其是因爲父親遺命停棺郊外，要等我們回大陸時再行入土。接着，他開始爲母親多病

的殘年擔心；在自知大限已到時，還遺囑千萬不要將他的死訊讓母親知道，以免她老人家難過。

父親走了，大哥走了，母親也走了………

大哥的「中庸語譯」遺稿我算是勉強整理完畢，但父親的一項心願，我是永遠無法達成了。在我念中學時，父親曾不只一次對我說，將來由大哥或我幫他寫一本書：他講我們寫，講他一生種植稻、麥、蔬菜等等農作物的經驗，以為其他農人的參考。——這不會成為一本很偉大的書，寫成後大概也不會有書店願意出版，即使出版了也不會有多少人去看。我當時曾暗笑父親的傻夢，可是還是很願意為他完成他的這個夢想…………

但是，我已經沒有這個機會了！父親的心願和大哥的理想將是永遠的夢。

不知道我自己的夢又將怎樣…………

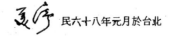 民六十八年元月於台北

國家圖書館出版品預行編目

中庸重組語譯與胸無點墨齋雜稿 / 黃美煌,
　　黃美序作. -- 一版. -- 臺北市：秀威資訊科技,
　　2010.01
　　　面；　　公分. -- (語言文學類；PG0334)
　　BOD 版
　　ISBN 978-986-221-390-2 (平裝)

　　1. 中庸　2. 研究考訂

　　121.2537　　　　　　　　　　98025254

 語言文學類　PG0334

中庸重組語譯與胸無點墨齋雜稿

作　　者 / 黃美煌、黃美序
主　　編 / 蔡登山
發 行 人 / 宋政坤
執行編輯 / 黃姣潔
圖文排版 / 黃莉珊
封面設計 / 蕭玉蘋
數位轉譯 / 徐真玉　沈裕閔
圖書銷售 / 林怡君
法律顧問 / 毛國樑　律師
出版印製 / 秀威資訊科技股份有限公司
　　　　　台北市內湖區瑞光路 583 巷 25 號 1 樓
　　　　　電話：02-2657-9211　　　傳真：02-2657-9106
　　　　　E-mail：service@showwe.com.tw
經 銷 商 / 紅螞蟻圖書有限公司
　　　　　台北市內湖區舊宗路二段 121 巷 28、32 號 4 樓
　　　　　電話：02-2795-3656　　　傳真：02-2795-4100
　　　　　http://www.e-redant.com

2010 年 1 月 BOD 一版
定價：200 元

讀 者 回 函 卡

感謝您購買本書，為提升服務品質，煩請填寫以下問卷，收到您的寶貴意
見後，我們會仔細收藏記錄並回贈紀念品，謝謝！

1.您購買的書名：＿＿＿＿＿＿＿＿＿＿＿＿＿＿＿＿＿

2.您從何得知本書的消息？

　　□網路書店　　□部落格　　□資料庫搜尋　　□書訊　　□電子報　　□書店

　　□平面媒體　　□ 朋友推薦　　□網站推薦　□其他＿＿＿＿＿＿

3.您對本書的評價：(請填代號　1.非常滿意 2.滿意 3.尚可 4.再改進)

　　封面設計＿＿　　版面編排＿＿　　內容＿＿　　文/譯筆＿＿　　價格＿＿

4.讀完書後您覺得：

　　□很有收獲　　□有收獲　　□收獲不多　　□沒收獲

5.您會推薦本書給朋友嗎？

　　□會　　□不會，為什麼？＿＿＿＿＿＿＿＿＿＿＿＿＿＿＿＿

6.其他寶貴的意見：＿＿＿＿＿＿＿＿＿＿＿＿＿＿＿＿＿＿

＿＿＿＿＿＿＿＿＿＿＿＿＿＿＿＿＿＿＿＿＿＿＿＿＿＿＿＿＿

＿＿＿＿＿＿＿＿＿＿＿＿＿＿＿＿＿＿＿＿＿＿＿＿＿＿＿＿＿

＿＿＿＿＿＿＿＿＿＿＿＿＿＿＿＿＿＿＿＿＿＿＿＿＿＿＿＿＿

讀者基本資料

姓名：＿＿＿＿＿＿＿＿＿＿　年齡：＿＿＿＿　性別：□女 □男

聯絡電話：＿＿＿＿＿＿＿＿　E-mail：＿＿＿＿＿＿＿＿＿＿

地址：＿＿＿＿＿＿＿＿＿＿＿＿＿＿＿＿＿＿＿＿＿＿＿＿＿

學歷：□高中(含)以下　　□高中　　□專科學校　　□大學

　　　□研究所(含)以上 □其他＿＿＿＿＿＿＿＿

職業：□製造業 □金融業 □資訊業 □軍警 □傳播業 □自由業

　　　□服務業 □公務員 □教職　　□學生 □其他＿＿＿＿＿

秀威與 BOD

BOD（Books On Demand）是數位出版的大趨勢，秀威資訊率先運用 POD 數位印刷設備來生產書籍，並提供作者全程數位出版服務，致使書籍產銷零庫存，知識傳承不絕版，目前已開闢以下書系：

一、BOD　學術著作—專業論述的閱讀延伸
二、BOD　個人著作—分享生命的心路歷程
三、BOD　旅遊著作—個人深度旅遊文學創作
四、BOD　大陸學者—大陸專業學者學術出版
五、POD　獨家經銷—數位產製的代發行書籍

BOD 秀威網路書店：www.showwe.com.tw
政府出版品網路書店：www.govbooks.com.tw

永不絕版的故事‧自己寫‧永不休止的音符‧自己唱